Fin d'une série de documents
en couleur

LA FRATERNITÉ EN ACTION

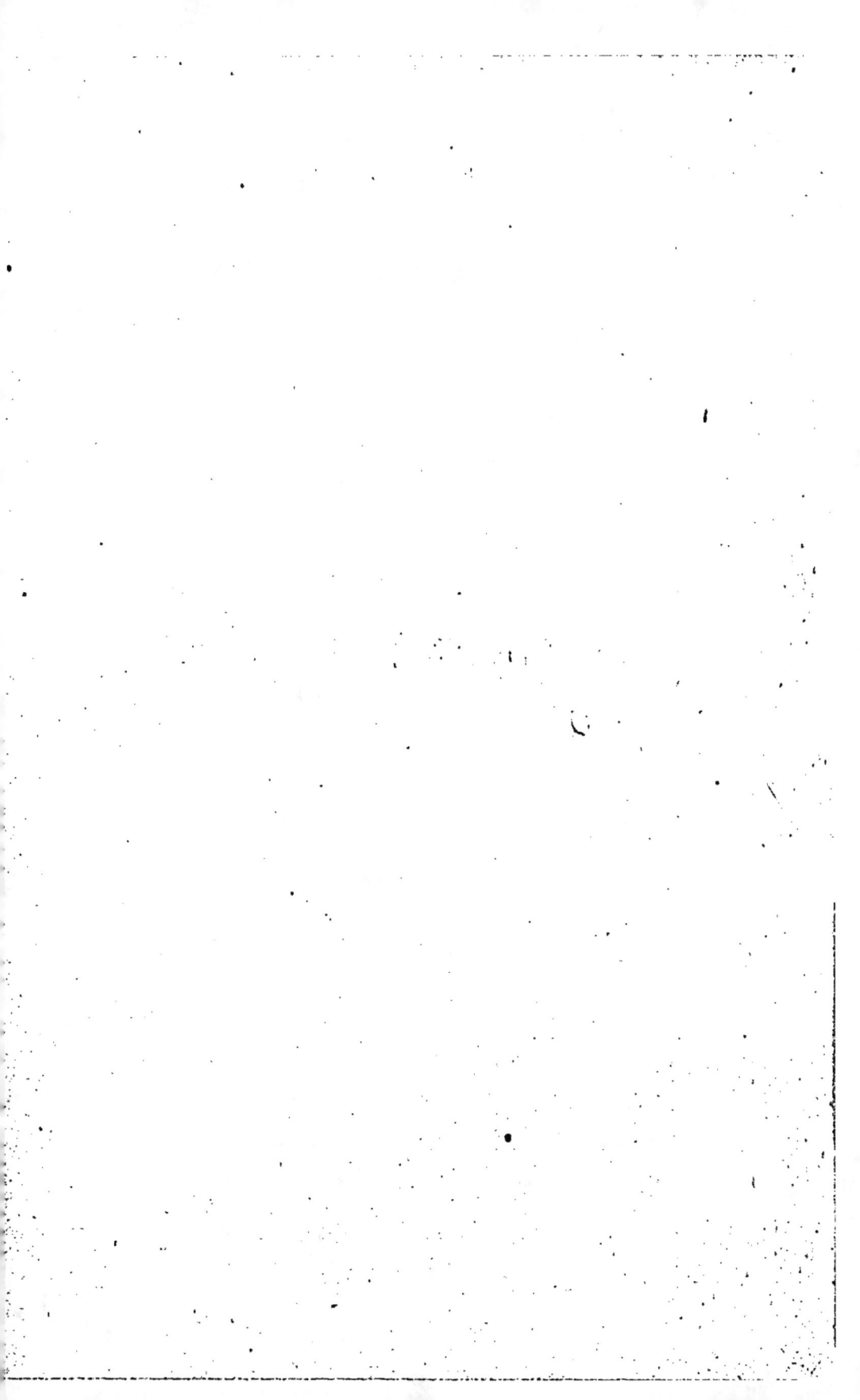

La Fraternité
en action

PAR

Mme O. GEVIN-CASSAL

———

PRÉFACE DE M. WILLIAM POULIN

———

*Orné de 22 vues et portraits
dont 17 hors texte*

GENÈVE
PHILIPPE DÜRR, ÉDITEUR
Rue Bovy-Lysberg

PARIS
LIBRAIRIE FISCHBACHER
33, Rue de Seine

1904

Genève. Imprimerie Nationale, rue des Voirons, 10.

PRÉFACE

Nous connaissons depuis longtemps la fraternité en paroles. Nous connaissons aussi la fraternité en livres, c'est-à-dire en théorie. Que
de discours éloquents n'avons-nous pas enten-
dus ! Quelles superbes envolées ce thème
inusable n'a-t-il pas fournies à de fougueux
orateurs ! Et que de systèmes ingénieux, de
formules admirables, dont l'application devait
avoir comme infaillible résultat la fraternité
universelle et le bonheur de l'humanité !

Et nous en sommes un peu revenus... Fraternité de discours et de banquets, fraternité de
livres et de programmes, nous te préférons la
fraternité en action dont nous parle le volume
tout pratique de Mme Gevin-Cassal.

Impossible de ne pas admirer cette charité ingénieuse qui s'occupe de l'enfant pauvre dès sa naissance — et même avant sa naissance — et qui essaie de remplacer pour lui le nid douillet que la dure pauvreté empêche la mère de lui fournir. C'est le « Refuge-ouvroir » qui prendra ce soin. Et quand le petit oisillon demandera la becquée, quand la mère épuisée par les privations ne pourra offrir à son enfant qu'un lait insuffisant ou suspect, « l'œuvre de la goutte de lait » sera là pour lui venir en aide.

Aux petits des oiseaux Dieu donne la pâture.

Aux petits des humains il veut la donner aussi. Mais il ne la fait pas tomber du ciel. Elle doit passer par les mains d'êtres « fraternels » qui ont compris les devoirs et les joies de la solidarité.

Nous ne voulons pas résumer le livre dans cette préface. Le lecteur qui en parcourra les divers chapitres fera un voyage du plus haut intérêt, avec un guide admirablement informé et qui met, au service d'une intelligence perspicace et d'un cœur brûlant d'amour pour ses frères et sœurs malheureux, une plume bien française, un parler clair, aimable et charmant. Il ira à la Pouponnière, il s'initiera aux secrets des colonies de vacances, de l'atelier-école, de l'école foraine, des crèches, des dispensaires, des homes.... et il reviendra de ce voyage attristé et émerveillé: attristé, car le nombre, la variété, la gravité des misères qu'il s'agit de guérir sont écrasants, et il faut que le lecteur de la *Fraternité en action* apprenne à les connaître et à en souffrir par sympathie; — émerveillé, car les ressources que possède un cœur humain où s'est allumée la flamme de l'amour et qu'une intelligence vive peut mettre en œuvre pour combattre ces misères sont vraiment admirables.

D'aucuns souriront en disant: « Palliatifs que tout cela! Il faut aller à la racine du mal et attendre d'une révolution violente la refonte d'une société mal faite ». D'autres fronceront les sourcils: « Mais c'est de la charité, de la vulgaire charité! Et il n'en faut plus, de charité! Il faut la justice! » Quelques-uns prendront un air découragé: « Qu'est-ce que ces quelques œuvres, en présence des maux à secourir? Une goutte d'eau dans un océan! » Et tous ceux-là, laissant les naïfs mettre courageusement la main à la pâte, se contenteront comme par le passé de la fraternité en paroles et de la fraternité en théories !

Mais pendant qu'ils discourent et qu'ils écrivent, les malheureux souffrent et pleurent. Honneur à ceux qui savent, en présence de la pauvreté, de l'isolement, du crime même, adopter cette devise d'une femme de cœur : *Donner, Se donner, Pardonner.*

WILLIAM POULIN.

Genthod, 16 décembre 1903.

AVANT-PROPOS

de l'auteur

Le but de cet opuscule est de propager les idées qu'éveille l'attentive considération des œuvres pies de conception moderne. De fait, en cette retrospective revue de l'évolution philanthropique, même entre les lignes, nous glanons de quoi philosopher à perte de vue.

Ont-elles donné tout ce qu'elles avaient rêvé donner, ces associations altruistes ? Leur zèle primitif ne s'est-il pas attiédi dans la monotone répétition du même geste ? — ou découragé dans l'ambiance d'égoïsme ?

Puis encore, telles réformes que, solennellement, nous promirent des édiles ou des comités sûrement bien intentionnés, ont-elles abouti ?

Questions indiscrètes auxquelles nous avons

peur de faire un mauvais sort et qui nécessite-
raient en post-scriptum à ces chroniques —
d'aucunes remontent à trois ans déjà — bien
des béquets additionnels que nous préférons
éluder, afin de laisser au lecteur, en son inté-
gralité, la consolante image de cette inépuisable
source d'effective fraternité que devient l'assis-
tance de nos jours.

L'enseignement le plus fécond, celui qui
nous frappe à première vue, dans ces créations
modernes, et qui mérite d'être inscrit au fron-
tispice de ce petit livre, c'est qu'on s'inquiète
aujourd'hui davantage qu'hier de restreindre
le nombre des victimes de l'inégalité sociale et
que ce souci conquiert du terrain dans les
foules.

Il y a les « satisfaits » dont l'atmosphère est
troublée par la souffrance des autres. Si d'au-
cuns craignent un soulèvement prolétarien, et
d'autres pensent aux châtiments de l'au-delà,
— il y en a, et ils sont légion, qui se mijotent
une popularité, des électeurs...

Et qui dénombrera les vaniteux et les osten-
tatifs ?

Mais, souvenons-nous que « l'hypocrisie est
un hommage que le vice rend à la vertu. »

De l'orgueil des uns, donc, de l'altruisme, de la bonté, de la charité des autres, des craintes de plusieurs, bref, de sources pures, comme de fissures suspectes, jaillissent des œuvres attendrissantes, des œuvres considérables, qui pourront aboutir à la refonte intime de nos contrats sociaux... toutes scories devant tomber un jour !

Consigner en annales leur évolution, c'est aider à préparer la moisson future.

                              L'AUTEUR.

LA FRATERNITÉ EN ACTION

Le Refuge-Ouvroir

Parmi les œuvres les plus propres à lutter·
contre l'effrayante mortalité infantile, parmi les
meilleures, nous pouvons citer la Société de
l'Allaitement maternel et les Refuges-Ouvroirs
pour les femmes enceintes, qui doivent leur
création à Mme Béquet de Vienne. Dès l'enfance,
habituée à vivre dans un milieu philanthropique,
Mme Béquet de Vienne fut attirée, surtout, vers
l'enfance malheureuse, et créa en 1876 la Société
nationale des amis de l'Enfance, qui devint, plus
tard, la société sus-nommée.

Le but de la Société de l'allaitement maternel
est de faire visiter les mères indigentes, d'abord

par une dame patronnesse qui s'enquiert du nombre de leurs enfants, de leurs besoins, puis, par un médecin chargé de surveiller l'état de santé de la mère et du bébé.

La société distribue des bons de pain (quatre kilog^s par semaine et par mère secourue), des bons de viande, des layettes, des berceaux, matelas, couvertures, draps et vêtements, plus du lait, dont la qualité est vérifiée par de fréquentes analyses. Cette assistance est donnée pendant une année, et se continue quelques mois après, si le médecin l'a jugée nécessaire.

A peine la société fonctionna-t-elle que l'excellente créatrice fut frappée de l'excessive mortalité du premier âge, par la mortalité surtout des enfants naturels et de ceux des femmes miséreuses privées de nourriture pendant leur grossesse et travaillant au-dessus de leurs forces jusqu'à la veille de leurs couches.

Aussi songea-t-elle de suite à organiser un refuge où les femmes enceintes pussent trouver abri et nourriture pendant les derniers mois de leur grossesse.

A travers mille difficultés, — les idées à cette époque-là n'étaient pas encore en marche comme aujourd'hui, — Mme Béquet de Vienne

Refuge-Ouvroir, promenoir vitré.

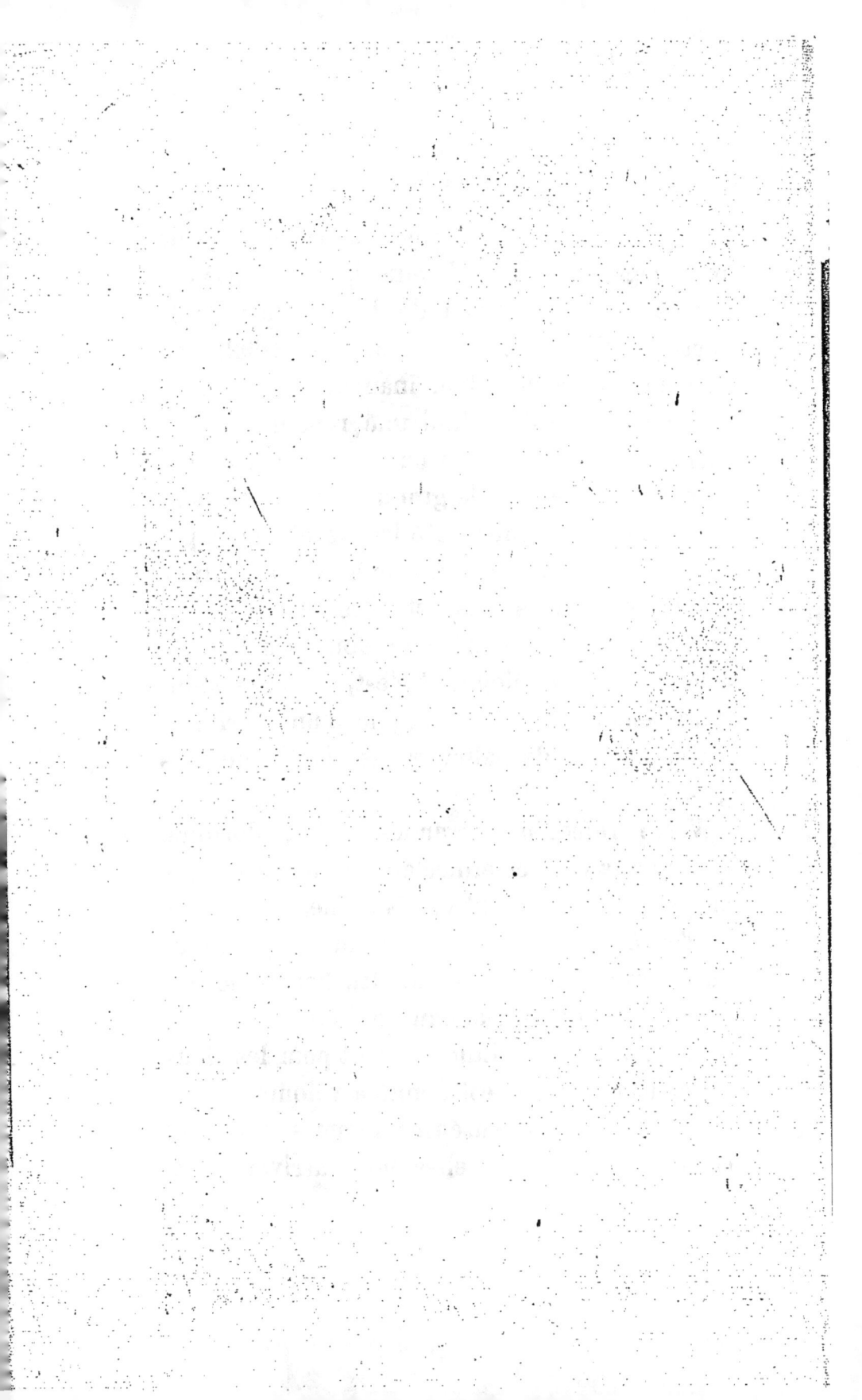

arriva à rallier à son projet et son comité de patronage et le Conseil municipal de Paris qui fut de suite convaincu de l'excellence de la cause qu'elle défendait, et en mars 1892, avenue du Maine 203, l'on inaugurait le refuge, qui a acquis aujourd'hui une renommée bien méritée, non seulement en France, mais à l'étranger. Aérée par de grandes baies, donnant sur une large avenue côté façade et sur de petites cours gazonnées, à l'intérieur, la bâtisse est des plus gaies d'aspect. Dès l'entrée (nous la visitâmes en hiver), une douce chaleur de calorifère vous réjouit, et c'est, dans le couloir vitré menant aux salles, la joie d'une véritable serre, peuplée de palmiers, de plantes de tous genres.

Vaste réfectoire, grandes salles, dortoirs, cuisine aux cuivres étincelants, tout y est d'une propreté non apparente mais réelle.

D'après les ordres du médecin, — qui a établi également le programme des heures de travail, — chaque pensionnaire a droit à une demi-livre de viande quotidiennement pour les deux repas, et le pain lui est donné à volonté.

— Ah! les malheureuses femmes, nous dit la directrice, comme elles nous arrivent affa·

mées, pour la plupart, ne pouvant, les premiers jours, arriver à se rassasier. C'est pitié à vous tirer des larmes!

Quelques-unes farouches, d'abord, se replient sur elles-mêmes, ne cessent de pleurer. Mais, petit à petit, avec une meilleure hygiène, la tranquillité et la résignation leur reviennent, auxquelles s'ajoutent bientôt la gratitude envers leurs bienfaiteurs et une véritable amitié pour leurs sœurs d'infortune.

Il a passé, dans cet asile, des femmes de toutes les classes de la société et, avec leurs douleurs, quel martyrologe on pourrait dresser..., quel réquisitoire contre la société et contre l'égoïsme masculin.

Continuant notre visite, nous trouvons les dortoirs chauffés, aussi, et, contigus à ces derniers, les cabinets de toilette ne manquant d'aucun confort hygiénique sont aménagés de manière à permettre aux pensionnaires bains et ablutions ordonnancés par le docteur.

A l'atelier, une trentaine de femmes éventaille des corsets, — travail facile, lequel leur formera un petit pécule de sortie et n'est exercé que l'après-midi, la matinée étant consacrée aux travaux hygiéniques du ménage.

Refuge-Ouvroir, dortoir.

Toutes les femmes ont le teint reposé, l'œil calme. Elles se savent, ici, à l'abri de toute indiscrétion, et l'on comprend quelle salutaire influence exerce, sur elles, cette tranquillité morale.

Les dames patronnesses de l'œuvre veillent aux fournitures du vestiaire et de la lingerie. Plusieurs d'entre elles se sont adjugé le plaisir de pourvoir à telle ou telle pièce particulière de linge ou de vêtements. Mmes Pinard et Leclerc se chargent de l'entière fourniture des robes; une autre dame approvisionne l'asile de torchons, une autre donne les mouchoirs.

Les expectantes portent un uniforme de molleton gris, égayé par des manches blanches et par un tablier blanc. Il n'a rien de coquet, néanmoins, mais il frappe le visiteur par l'aisance qu'il laisse aux mouvements de celles qui le portent.

Les trente-six lits dont dispose le Refuge-Ouvroir sont constamment occupés, et, si on en avait deux fois plus, il faudrait encore refuser des postulantes, hélas. Il y eut des périodes d'encombrement, en lesquelles on dressa des lits supplémentaires sans hésiter, malgré les ressources limitées du budget.

Avant d'être admises, les expectantes sont soumises à une inspection médicale, et, dès que vient l'heure de la délivrance, elles sont conduites à la Maternité, où on les distingue de suite des autres hospitalisées, non seulement par une grande propreté, mais pour la vigueur des enfants qu'elles mettent au monde. Citons à l'appui de cette affirmation les paroles suivantes, puisées dans un rapport du professeur Pinard, présenté à l'Académie de médecine.

« Presque toutes les femmes recueillies et soignées au Refuge de l'avenue du Maine viennent accoucher dans mon service à la clinique Baudelocque. Or, nous n'avons point tardé à reconnaître que la plupart des enfants de ces mères étaient remarquables par leur développement. Et, chaque fois que, dans ma visite, je m'arrêtais près d'un berceau pour faire constater combien l'enfant qui y reposait était beau, presque toujours, quand je demandais l'origine, on me répondait : « C'est un enfant du Refuge » ou : « C'est un enfant du dortoir. » Ce qui voulait dire : « C'est un enfant dont la mère a été soignée soit au Refuge, soit au dortoir de la clinique. »

Puis, plus loin :

« J'ai pu, en éliminant les cas considérés comme pathologiques, comparer le poids des enfants chez 500 femmes reposées et soignées soit au Refuge, soit au dortoir, et le poids des enfants chez 500 femmes ayant travaillé jusqu'au moment de leur accouchement, et voici ce que j'ai trouvé :

500 femmes ayant travaillé jusqu'au dernier moment ont donné :

Poids d'enfants : 1.505.000 grammes; par enfant 3.010 grammes;

500 femmes ayant séjourné au moins dix jours au Refuge :

Poids d'enfants : 1.645.000 grammes; par enfant 3.290 grammes. »

En dix ans, la Société de l'allaitement maternel a recueilli 6.500 femmes, et, chose significative entre toutes : *aucune n'est morte en couches.*

La Société possède aussi un dispensaire pour les maladies des femmes et des enfants, où des consultations sont données trois fois par semaine, par d'éminents praticiens.

D'après une assez récente statistique, la France a à déplorer une perte annuelle d'environ 50.000 enfants morts-nés, faute, sans

doute, de soins donnés à la mère. A quoi sert
de parler repopulation devant ce chiffre ef-
frayant des non-viables ? Parlons plutôt de
Refuges-Ouvroirs et associons-nous à l'œuvre
excellente de Mme Béquet, de Vienne, qui va
être, grâce à la loterie qui vient de lui être per-
mise par le Parlement, à même d'essaimer dans
les principales villes de France.

L'Association des dames mauloises

Des œuvres écloses en ces dernières années, l'une des plus dignes d'attention, des plus intéressantes et qui mérite entre toutes d'essaimer, c'est l'*Association des dames mauloises*.

Maule est une petite bourgade de 1200 habitants, sise dans le département de Seine-et-Oise. C'est là que naquit la susdite association, d'où son nom.

Les fondateurs de cette œuvre sont M. et Mme Pecker, tous deux médecins établis en cette petite ville.

Frappés par la mortalité excessive des enfants du premier âge, ces gens de bien, auxquels l'expérience et la pratique avaient montré que

la plupart de ces enfants nouveaux-nés mouraient par manque de soins, ou par misère,
résolurent de grouper dans leur commune une
association de gens dévoués et compétents qui
leur aideraient à combattre l'ignorance am-
biante, à enseigner, aux mères de famille, l'hygiène et à secourir les accouchées indigentes.

M. et Mᵐᵉ Pecker réussirent si bien que
l'œuvre dépassa leurs propres espérances et
voici déjà deux sociétés qui se sont constituées
sur le modèle de celle de la ville de Maule:
celle de Saint-Rambert (Rhône), fondée par
M. H. Sabran, et celle de la ville du Hâvre,
fondée par le docteur Bernard Beig. D'autres
encore sont en voie de formation.

Ceci dit, donnons un aperçu du fonctionnement de l'Association des dames mauloises.

Cette société secourt les mères indigentes
au moins un mois avant leur accouchement.
Durant ce mois, des dames de bonne volonté
membres effectifs de l'Association (femmes de
médecins, de pharmaciens, de notaires, de
percepteurs, de commerçants, etc.) qui ont au
préalable suivi des cours d'hygiène, familiari-
sent la future mère avec les notions élémentaires d'hygiène et de puériculture.

« Dans les nombreuses circonstances, — dit en l'un de ses intéressants opuscules le docteur Pecker, — où elles ont eu à intervenir, par leur dévouement et leur tact, elles ont su non seulement conquérir la sympathie reconnaissante de nos assistées, mais, par leur intermédiaire, nous avons pu faire pénétrer dans les chaumières un peu de cette hygiène si bienfaisante et si délaissée dans les foyers sombres de ces malheureuses. C'est donc grâce à nos membres actifs que nous avons pu mettre en garde nos indigentes contre l'éclampsie, l'infection puerpérale, et leur indiquer tous les avantages de l'exercice régulier de leur devoir social, de l'allaitement maternel!

« La femme ainsi secourue et surveillée, nous attendons avec confiance le moment de la délivrance, ayant protégé, avec la mère, l'enfant à naître dans sa vie intra-utérine. »

Le moment de l'accouchement venu, la dame patronnesse à qui est confiée la malade envoie chercher au siège de l'Association, à la mairie, l'un des sacs préparés pour les couches des mères indigentes. Ce sac contient six draps, quatre chemises, six serviettes, une taie d'oreiller, trois mouchoirs. On y joint quelques pa-

quets de sublimé, une solution d'acide phéni-
que, de l'alcool, du coton hydrophile, plus un
bassin, une cuvette en tôle émaillée, un injec-
teur à canule de verre.

Ces objets reprennent, dûment désinfectés lors
de la guérison de la mère, le chemin de l'ouvroir, où ils restent sous la garde de la directrice.

L'Association pourtant, lorsque la mère est
très pauvre, lui fait don d'un peu de linge, et
elle fait cadeau à chaque bébé d'une petite
layette ainsi composée : 2 langes, 6 couches,
3 chemisettes, 3 brassières.

Mais, là, ne se bornent pas encore les bienfaits de cette association digne d'éloges. Souvent les dames patronnesses assistent elles-
mêmes la sage-femme ou le médecin durant
l'accouchement de leur protégée et pendant un
mois viennent lui faire des visites régulières,
pour voir si elle ne manque de rien, si elle ne
se lève pas trop tôt, chose si funeste et si
commune parmi les femmes du peuple, pres-
sées de reprendre leur travail, de vaquer aux
soins du ménage.

Afin de leur éviter cette tentation, l'Association fournit aux accouchées indigentes, durant
une quinzaine de jours, des gardes payées par

elles, qui, non seulement ont ordre de soigner
la mère et le nouveau-né, mais doivent s'occuper du ménage, faire la cuisine, laver le linge.

L'Association possède, outre une trousse
chirurgicale très complète, une couveuse dernier modèle.

Les ressources de cette société proviennent
des cotisations de ses membres bienfaiteurs, donateurs et adhérents, ainsi que des subventions
de la commune et du bureau de bienfaisance.

Les bienfaits d'une telle œuvre sont, comme
on le voit, multiples. Elle a remis en faveur
dans la zône où elle évolue, et qui contient,
outre la petite ville de Maule, quelques villages
des alentours, l'allaitement maternel qui y
était tombé dans une navrante désuétude. Elle
a secouru des centaines de femmes, a évité à
beaucoup d'entre elles les douloureuses suites
de couches et l'angoisse du surcroît de misère
qu'amène toujours dans un ménage pauvre la
naissance d'un enfant. Elle fait pénétrer partout, et de plus en plus, des notions d'hygiène
préventive, elle le fait avec tact et sans nulle
pédanterie, se mettant à la portée de ceux
qu'elle instruit, faisant acte, ainsi, de la plus
généreuse solidarité.

Elle a choisi le moyen le meilleur d'assister les pauvres mères en les faisant soigner hygié·niquement et aussi promptement qu'à l'hôpital, chez elles, au milieu de leur nichée et rassurées sur le sort de leur monde, car, comme bien on pense, la dame patronnesse ne vient pas les mains vides.

Elle est, entre tous, le moyen le plus sûr de lutter contre la dépopulation.

Au Hâvre, dès la première année du fonctionnement de la *Société Maternelle,* on a pu protéger durant leur grossesse, pendant leurs couches et pendant la période de lactation, cent cinquante femmes. Elle va s'agrandissant encore et elle est bien accueillie par tous.

M. le docteur Pecker a eu l'excellente idée de réunir, en un petit volume, les conférences qu'il a faites aux dames mauloises sur la *science pasteurienne,* l'*hygiène de la grossesse,* l'*hygiène de l'accouchement et des suites de couches,* l'*hygiène du nouveau-né,* et chacune des adhérentes de l'œuvre possède aujourd'hui cet intéressant opuscule qui lui sert de *vade mecum* dans le charitable exercice de ses fonctions.

Quelques notes
à propos des Crèches

Partout en France le nombre des crèches est insuffisant, et pourtant, dans plus d'une, il reste toujours des places vacantes. D'où vient que ces dernières soient peu fréquentées ? C'est : 1° parce que ces crèches ont été présentées au public, à leur début, plutôt comme des *garderies,* ce qui a effrayé les mamans d'enfants du premier âge; 2° parce que les mères des nouveau-nés ne sont pas suffisamment averties de la facilité qu'elles auront de venir allaiter leurs enfants à la crèche aux heures qu'elles auront disponibles.

J'ai tâché d'interroger des mères, — soit en me présentant à la crèche à l'heure de l'ouverture, soit en y retournant à celle de la fermeture, — pour savoir au plus juste les habitudes d'allaitement des mères de la région, et leur opinion sur les crèches. Je me suis renseignée également auprès des fournisseurs voisins et des dames patronnesses.

J'ai ainsi pu noter, une fois de plus, que la crèche était mal connue dans le peuple, et que, dans les classes aisées on ne lui portait pas l'attention qu'elle mérite, ne sentant pas assez quelle influence importante elle peut avoir non seulement sur la moralité infantile, mais sur la salubrité publique générale.

— Depuis combien de temps votre bébé est-il à la crèche? demandais-je à la mère d'un enfant de 5 mois.

— Depuis quinze jours seulement, car il n'y a que quinze jours qu'il est sevré. J'aurais bien voulu l'élever au sein jusqu'à un an, mais quand je revenais de la fabrique, je le trouvais bleu à force de crier... Alors j'ai préféré le mettre à la crèche. (Et de cette mise à la crèche elle avait l'air de se disculper comme d'un acte mauvais.)

— Mais, malheureuse, vous ne saviez donc

pas que vous pouviez, à la crèche même, continuer à l'allaiter entre vos heures de travail ?..

Elle m'affirma qu'elle l'ignorait.

Une autre me dit qu'elle travaillait trop loin
de la crèche pour aller, aux heures des repas,
donner à téter à son petit.

D'autres, et celles-ci nombreuses, me dirent
que les gardeuses directrices, et surtout les
religieuses des crèches, préféraient qu'on leur
apportât les bébés un peu grands; qu'à beaucoup de mères, venant les consulter pour une
mise à la crèche, elles conseillaient d'attendre
encore quelques mois.

— Cela se conçoit, me disait une femme,
quand ils sont tout petits, ils donnent plus de
mal et se salissent davantage. *Les gardeuses*
préfèrent à tous autres les enfants qui marchent.

Et voilà comment les crèches peuvent dégé-
nérer en garderies.

Un inconvénient de plus, résultant de cette
habitude, est celui-ci :

Certaines de ces installations — qu'elles soient
nominalement « crèches » ou « crèches-gar-
deries » — où les enfants sont conservés jusqu'à
six ans et plus font le vide dans nos salles d'asile
et dans nos écoles maternelles, *deviennent de*

petites écoles libres, préparant (d'ailleurs fort mal) les enfants à l'enseignement primaire. Dans quelques-unes, on apprend à écrire aux plus grands enfants; on cultive le petit perroquet récitant des pièces en vers et jouant la comédie à l'âge de six ans, pédagogie des plus nuisibles en tous sens.

Quelle part peut rester accordée à l'hygiène de la première enfance en tels endroits où l'on prétend, avec un personnel restreint, s'occuper d' « instruction ? » Aucune, évidemment. Toute mère hésitera à mettre son nouveau-né à la crèche dans ces conditions; et, d'un autre côté, l'on ne peut plus s'étonner du conseil donné par les directrices : « Mieux vaut attendre qu'il soit plus grand. »

Ne ressort-il pas, de toutes les études et statistiques ayant trait à la mortalité infantile, que ce sont les douze premiers mois du bébé, et les six premiers plus encore que les six autres, qu'il faut soigner de près ? Il n'est plus à prouver, en effet, que les affections meurtrières, qui fauchent chez nous, chaque année, des milliers et des milliers d'enfants, sévissent particulièrement sur cet âge. De ces enfants, la crèche peut en sauver, pourrait en sauver des centaines. Il faudrait pour cela, sans doute, que le peuple se fît une meilleure et plus juste idée de la crèche et de son rôle désirable et possible dans la phase sociale que nous traversons; mais en même temps, si ce n'est *d'abord*, il faut que la bourgeoisie se prête à favoriser ce rôle; qu'elle n'élude pas cette contribution de fraternité d'une part, et que, d'autre part, elle s'accoutume à trouver, là, le couronnement naturel de l'éducation de ses filles, futures mères.

Que les créateurs de crèches et surtout les dames patronnesses se pénètrent de cette idée: la crèche peut et doit être non seulement un dépôt pour les enfants dont les mères travaillent, mais encore un organe d'instruction spéciale, de vulgarisation d'hygiène infantile et même d'hygiène générale, et, par suite, un organe d'assainissement et de régénération « racique » qu'on ne saurait trop utiliser.

La paresse des mères est, chez beaucoup de personnes même des mieux intentionnées, un thème favori qui sert de réponse trop facile. Une dame patronnesse de mes amies, femme des plus charitables, s'indignait un jour devant moi de ce qu'une de ses protégées, dont elle avait placé l'enfant à la crèche, n'eût pas encore du une brochure ayant trait à l'alimentation et aux soins à donner au nouveau-né. Son indignation m'amusa ; elle ne pouvait pas être prise au sérieux par qui a pu voir de près la vie de surmenage de la plupart des femmes du peuple, ajoutant au travail de leur ménage un travail supplémentaire chez elle ou au-dehors.

Je lui répondis par ma profession de foi au sujet des crèches. La voici :

Il faut adjoindre aux crèches le plus grand nombre possible non seulement de « dames patronnesses » ne figurant sur les rôles que pour donner leur cotisation, mais de dames patronnesses *effectives,* venant à la crèche selon un roulement déterminé (chacune, par exemple, faisant sa semaine de service), faisant cette visite à toute heure, y goûtant la soupe et le lait, surveillant l'emmaillotage et le bain, l'appareil stérilisateur et le reste... et, *surtout, parlant aux mères,* qui pèchent encore plus souvent par ignorance que par paresse. Cette ignorance, ce n'est pas par la brochure qu'on la combattra, mais par la leçon de choses.

Une mère aisée parlant à une mère indigente avec bienveillance, amitié — et non du haut de sa supériorité de rang et de culture, — lui disant, par exemple : « Voyez-vous, lorsque mon petit dernier eut tel bobo, je le soignai de telle manière, ne craignant pas du tout pour lui la diète, mais bien plutôt le surchargement de l'estomac ; et j'eus soin, étant sa nourrice moi-même, de m'abstenir de telle, telle chose... Puis, je l'emmaillotais ainsi, avec une bande légère et courte n'ayant pas d'autre but que de retenir le maillot, comme je vous le montre là..... », une dame patronnesse procédant ainsi sera sûrement écoutée et comprise tandis que la brochure ne sera presque jamais lue, et encore moins comprise. La petite notion acquise ainsi en un instant, et retenue par la femme du peuple, sera, plus tard, transmise par elle à sa fille, avec d'autres, venues à propos aussi et ayant également fixé son attention... peut-être au point que son simple bon sens voudra bien en remarquer les analogies et les différences ! — Cela ne semble-t-il pas le moyen le moins précaire de réduire, petit à petit, l'ignorance, l'indifférence et la routine ?

Que de fois des directrices de crèches nous disent : «Ah ! si j'avais plus de personnel, comme je pourrais faire mieux ! » Dans quelques crèches pourtant (et là, cela se devine dès l'entrée), des dames patronnesses dévouées viennent aux

heures des repas aider elles-mêmes à donner la·
soupe, parfois accompagnées de leurs grandes
jeunes filles. Heure brève, sans doute, de solidarité en action, mais heure qui marque et laisse
quelque chose après elle par le retour constant,
heure qui doit être très douce d'un côté comme
de l'autre, et rapprocher les cœurs en dépit des
différences de condition.

En Suisse, il y a longtemps qu'on a introduit
à la crèche, non pas comme spectatrice oisive,
mais comme aide, la jeune fille de la dame
patronnesse en compagnie de sa mère aux heures
de surmenage, au moins. Et cette *gardeuse* oc-
casionnelle ou régulière, ceinte du tablier de
l'emploi, en même temps qu'elle se dépense
pour la cause de l'enfance, *acquiert* davantage
encore en s'initiant là aux détails de son futur
métier de maman.

En France, malheureusement, de bien re-
grettables préjugés éloignent trop souvent la
jeune fille de tout ce qui touche à la maternité;
en bas, ignorance et misère, — causes majeures
de la mortalité infantile, — en haut, ignorance...
tout court.

Donc, tâchons d'intéresser nos filles à la
crèche. Je suis sûre que, à bien peu d'excep-

tions près, elles y prendront un goût sérieux, qui sera profitable non seulement aux chers petits, mais à elles-mêmes et à tous, au point de vue de la salubrité publique.

Le jour de la semaine que doivent surveiller de près et spécialement les dames patronnesses, le jour par excellence des bobos, des indigestions, des diarrhées et de la mauvaise humeur incoercible des poupons, le jour noir de la semaine, c'est le lundi. Cela ne se comprend que trop. Il y a eu rupture dans le train de vie de la semaine : et toute irrégularité dans le régime du bébé se paie par un malaise, qui va du simple manque de sommeil à la dyssenterie. Souvent, la veille, — le jour « de la famille », le jour « du repos », — les parents ont promené le pauvret par les chemins poudreux et brûlés de soleil, avec halte au cabaret ou à la vogue, lui ont donné quelque bribe de gâteau, l'ont même laissé, « pour voir la tête qu'il fera », téter leur verre de vin, de cidre ou de quelque autre boisson qui ne peut manquer de lui être un poison concentré. La mère, si elle nourrit elle-même, a fait également des imprudences personnelles plus ou moins graves (qu'elle tient peut-être pour bien inoffensives) :

boire un peu de vin de plus que de coutume,
manger des fruits...; on rentre à la brune ou
plus tard, et voici le petit souffrant, ou tout au
moins indisposé. — Combien utiles, alors, peuvent être les avis de la dame patronnesse à la
mère, que toucheraient beaucoup moins — ou
même point du tout — les représentations que
pourrait lui faire une directrice attentive, une
gardienne consciencieuse!

Je n'ai pas besoin d'ajouter que, si mère et
fille patronnent les crèches, le côté financier,
lui aussi, s'en ressentira. Les jeunes filles fon-
deront des ouvroirs où elles confectionneront
des layettes, quêteront entre elles pour l'achat
de telle baignoire nécessaire, de tel appareil
stérilisateur..., mettront de l'amour-propre à
voir *leur* crèche se distinguer d'autres moins
bien tenues ou pourvues. Nous en connaissons
qui drainent de chez elles tout bout d'étoffe
disponible; avec de vieilles serviettes, pour leur
crèche, elles feront des langes; tel bout de
piqué, petit reste sans importance qui aurait
pris le chemin de la hotte du chiffonnier, deviendra, entre leurs mains habiles, petit bonnet
mignon ou bavette gracieuse.

Du reste, demandez, dans les crèches que

visitent des dames patronnesses, à examiner le
contenu des armoires : vous trouverez généralement la place bien remplie de linge et de petits
vêtements. Dans les crèches dépourvues de
dames patronnesses, les rayons restent désespérément vides, et souvent l'escarcelle aussi.

Il faut créer, autour des crèches, un mouvement de sympathie qui manque à la plupart d'entre elles; il faut faire comprendre à tous leur
utilité et savoir y capter la confiance des mères
en leur montrant combien les bébés y seront à
l'aise, grâce à l'hygiène la plus stricte et à la
propreté poussée à un degré extrême. Il ne
faut pas craindre d'y refuser, jusqu'à leur guérison complète, les bébés ophthalmiques et
gourmeux, quand on ne peut les isoler dans un
local à part et leur attribuer une gardienne
spéciale. C'est là une sévérité absolument nécessaire. Il ne faut pas non plus recevoir à la
crèche, sous aucun prétexte, des enfants en
âge de fréquenter l'école maternelle. Il faut
aussi (et c'est là une chose très urgente qu'on
ne répétera jamais trop, dût-on être accusé de
rabâchage) faire un choix meilleur de directrices et de gardeuses, *choisir* réellement, et
aux premières venues ou à peu près, à d'au-

ciennes domestiques ou ménagères quelconques,
préférer des personnes plus éclairées. Il ne
manque pas de femmes instruites et intelligentes que des revers de fortune ou la mort de
leur mari mettent dans la nécessité de gagner
leur vie.

Ce ne peut être des femmes exhibant à la
crèche — comme je l'ai vu à diverses reprises —
leur enfant affligé de *carreau* pour avoir été
précocement bourré d'aliments solides, des
femmes ignorant tout de l'hygiène et trop obs-
tinées dans leurs routines, ou trop obtuses, ou
trop vieilles pour en rien apprendre désormais,
qui soigneront convenablement les enfants à
eux confiés... Dès lors — et puisqu'on a bien
obtenu que toute maîtresse d'école maternelle
soit pourvue du brevet d'institutrice — pourquoi n'obtiendrait-on pas que toute tenancière
de crèche soit pourvue du diplôme d'infirmière ?
Je sais que la Ville de Paris doit arriver sous
peu à ce résultat; mais justement à Paris, où
les crèches sont surveillées très strictement,
cette condition nouvelle, tout utile qu'elle soit
toujours, n'est pas aussi indispensable, aussi
urgente qu'en province. Tant qu'il n'y aura pas
une mesure régulière et spéciale à ce sujet, les

créatrices de crèches pourvoiront celles-ci de femmes auxquelles elles portent un intérêt particulier, croiront faire une bonne œuvre en plaçant à la tête du service quelque personne, intéressante par sa position précaire, je le veux bien, mais la plupart du temps dangereuse par son ignorance et risquant de transformer en foyer d'épidémie le lieu même d'où devrait rayonner, au contraire, sur la population féminine, l'enseignement sanitaire.

Introduire dans les masses de meilleures habitudes hygiéniques et favoriser leur diffusion, répandre par tous moyens actuels et opportuns, sinon le savoir, au moins les plus simples idées de vie normale, éveiller quelque curiosité sur les causes qui, toujours les mêmes, engendrent des effets toujours pareils... et cela surtout en ce qui touche le soin de la délicate enfance, ce sera hâter le temps où les hommes n'auront plus autant de maux à guérir, sachant les écarter. Dans ce sens, nos « services de l'enfance » peuvent beaucoup. Et la crèche, si l'on ne craint pas de se montrer trop strict pour tout ce qui s'y rapporte, peut se révéler à ce point de vue un organe de première importance.

La Goutte de Lait

L'œuvre de *La Goutte de Lait*, créée d'abord à Fécamp par le Dr Dufour, fonctionne grâce à lui aussi à merveille à Rouen, où elle a débuté par les chaleurs de la canicule, donc à l'heure la plus propice au sauvetage des nourrissons, — surtout en ces villes normandes que décime le redoutable fléau de l'alcoolisme.

Comme le fait pressentir son nom, *La Goutte de Lait* a pour premier but de fournir aux bébés indigents, presque gratuitement, du lait stérilisé, de le donner à prix réduit aux bébés des classes moyennes, et d'en faciliter l'achat pour les bébés des classes aisées.

Autour de ce but primitif se viennent greffer

d'autres buts encore, conséquences fatales du premier, et du train dont elle y va, *La Goutte de Lait* se prépare tout bonnement à devenir une excellente école de puériculture.

Mais, avant de l'examiner en détail, jetons un coup d'œil sur certaines pages de son règlement, servant d'*instruction* aux mamans et aux nou-nous des consommateurs :

1º Faire inscrire l'enfant à *La Goutte de Lait*, 4, rue Adrien Pasquier, où l'on prendra ses noms, prénoms et date de naissance.

2º Les indigents paient 10 centimes par panier de lait.

Les petites bourses paient 40 centimes le lait pris à l'établissement de midi à deux heures.

Les autres catégories paient 75 centimes et 1 franc. Le lait leur est porté à domicile.

Pour les personnes trop éloignées de la rue Pasquier pour y venir chercher le lait, il a été créé un dépôt rue Tous-Vents.

3º La ration de chaque enfant, pour 24 heures, est contenue dans 9 flacons.

Aux enfants au-dessus de 4 mois, le repas sera donné toutes les deux heures et demie.

L'exactitude dans les heures des repas de l'enfant a la plus grande importance.

4° Chaque flacon doit être chauffé au bain-marie et garni d'une tétine très propre et sans tube.

Un flacon qui a été débouché ou entamé ne doit pas être donné à l'enfant.

5° Il ne faut rien ajouter au lait (ni chocolat, ni pain, etc.), et ne modifier sa composition en rien.

Les quantités sont augmentées chaque mois, selon l'âge de l'enfant et d'après les indications du médecin de l'Œuvre.

6° Après chaque tétée, le flacon doit être lavé *immédiatement*. Pour tout flacon rendu sans être lavé, il sera perçu 10 centimes.

Comme on le voit, les éleveuses sont dûment prévenues de ce qu'elles ont à faire ; mais là ne se borne pas la sollicitude maternelle de cette société.

Dès l'entrée dans la salle coquette et d'une propreté des plus rigoureuses, tout à côté de la laiterie, l'attention des femmes qui viennent chercher les paniers des nourrissons est attirée par des tableaux muraux des plus suggestifs, ayant trait à la puériculture, démontrant les avantages de la propreté, de l'ordre, de l'exactitude dans les soins à donner aux enfants, de la nécessité de les élever dans un air pur, de ne pas les conduire dans les foules. D'autres tableaux encore dépeignent les douloureux ravages de l'alcoolisme et disent aux lectrices ce que répète sans cesse aux dames patronnesses le si dévoué fondateur : « *Nous devons rappeler continuellement à nos protégées que l'alcoolisme, la tuberculose et la mortalité infantile sont trois termes qui ne se séparent jamais : les deux derniers sont souvent les conséquences du premier.* »

Un vestiaire pour les enfants indigents est annexé à la salle d'attente : ce vestiaire contient, outre les objets de layette, une bonne provision de chaussettes de laine et de ceintures de flanelle pour les bébés débiles, ou atteints de coliques durant la saison de la diarrhée verte. Ces objets sont distribués avec la plus grande générosité, spontanément, sans enquête.

Trois fois par semaine il est procédé à une pesée des nourrissons suivant ce traitement de lait stérilisé. Les lundis et vendredis pour les non-payants, les jeudis pour les payants.

Il est, naturellement, interdit d'amener aux pesées des enfants atteints de coqueluche ou relevant de maladies contagieuses.

Le résultat des pesées est consigné sur un re-

gistre; il sert aux statistiques et il est la base
des modifications à apporter dans la quantité
de lait à délivrer à chaque enfant.

Point n'est besoin de dire qu'il y a, là, un
grand stimulant pour les mères et les nourrices,
qui rivalisent de zèle et de propreté, ont une
légitime fierté de voir que leur bébé *profite*,
comme elles disent, qu'il dépasse en poids le
bébé de la voisine.

Pour maintenir ce zèle, l'œuvre a, d'ailleurs,
institué, pour les mères soigneuses et propres,
une distribution de primes en nature, vêtements
et colifichets, qui est fort appréciée.

Le médecin assiste aux pesées, et les accom-
pagne de conseils aux mères, de remarques sur
leur nourrisson, qui est, à chaque fois, soigneusement examiné.

Il n'est pas besoin d'insister sur la beauté
d'une telle œuvre, n'est-il pas vrai ?

Et pourtant, en dehors de cette manière ingénieuse de faire pénétrer dans les classes populaires les idées de puériculture, l'œuvre de
La Goutte de Lait a encore un portée sociale à
un autre point de vue, celui de la fusion des
classes, celui de la solidarité de toutes les
mères.

Dès sa création, elle a déclaré que les enfants indigents attiraient plus spécialement sa sollicitude, mais qu'elle faisait appel aux mères riches et aux mères aisées, les priant de se fournir de lait chez elle, afin que leur cotisation vienne maintenir l'équilibre du budget, les dons charitables n'y suffisant pas.

Et, bienveillantes, les fortunées ont adhéré au programme, et c'est la même source lactée qui abreuve aujourd'hui le nourrisson riche et le nourrisson indigent dans cette grande ville de Rouen, si décimée par la mortalité infantile, car elle y est chiffrée, d'après les dernières statistiques, à 76,6 % de décès.

Puisse la fraternité noble de ces mères combattre le terrible fléau. Leur élan généreux mérite une triomphante réussite.

Le Comité d'initiative est en train de créer un comité de propagande formé de dames patronnesses, et un comité de jeunes filles auquel, de tous côtés, arrivent des adhésions. Et ce n'est pas parmi ce jeune monde que l'on fait le moins de projets. Voici certaines idées émises par de futures adhérentes :

Se partager les petits protégés, et les suivre au delà de l'heure du sevrage.

Fonder un petit sanatorium pour les rachitiques.

Faire un arbre de Noël auquel participeraient
aussi les frères et sœurs du petit protégé.

Donner aux mères qui auront les plus beaux
bébés des primes de trente à cinquante francs
à l'époque du sevrage.

J'en passe, et des meilleures.

La ville de Rouen tout entière suit avec intérêt l'évolution de cette œuvre. Dès le premier
mois, le comité d'initiative a recueilli 11,000 fr.,
plus des dons en nature.

Mais, l'organisation assez compliquée et coû-
teuse de la maison, où il y a laiterie, laverie,
cabinet de médecin, salle des pesées et salle d'attente, a absorbé une bonne partie de ces fonds.

Le dévouement des organisateurs est au-dessus de tout éloge, depuis les quêteurs et quê-
teuses infatigables, jusqu'au modeste personnel
de la laverie.

Quant aux docteurs, leur zèle plein d'enthousiasme a fait l'admiration de tous. Ils ont tout
prévu, tout calculé, tout suivi jusque dans les
plus minutieux détails, n'hésitant pas à donner
— manches retroussées — des leçons techniques
au personnel pour la manipulation du lait, son

dosage dans les flacons, sa stérilisation dans les appareils.

Déjà la statistique de 1900 a donné des chiffres très intéressants; plus d'un enfant malade, admis à *La Goutte de Lait*, est revenu à la santé.

L'œuvre a, l'an dernier, n'ouvrant ses portes qu'en juillet pourtant, nourri 306 bébés. Pour cette année on prévoit un chiffre presque double.

L'état des finances au 31 décembre 1900 était le suivant :

RECETTES :

Cotisations et dons . . . . . Fr.		11891.—
Sommes reçues pour la vente du lait . . . . »		3872.—
Subvention de l'œuvre du Refuge »		2500.—
	Fr.	18263.—
DÉPENSES . . . . »		13884.60
RELIQUAT . . . . . . Fr.		4378.40

La Pouponnière

Si l'essor des crèches est rapide en France, il n'en est pas de même de l'essor des pouponnières, et celle de Porchefontaine reste unique en son genre, malgré le bel exemple d'hygiène qu'elle a donné depuis sa fondation, malgré les « élevages » superbes qu'elle a parfaits.

C'est que beaucoup de personnes ne savent pas voir à quel besoin répond cette sorte d'établissements et on les confond souvent avec les crèches.

Puis, aussi, beaucoup de personnes ignorent totalement cette création.

Puisque la natalité diminue beaucoup en France (et même un peu partout), puisqu'on s'aperçoit tardivement que l'existence même de la race est en péril, c'est bien le moins qu'on s'ingénie à sauver le plus possible du contin-gent qui naît encore.

Certes, la loi Roussel qui, chez nous, met sous la tutelle d'une inspection médicale tout bébé placé chez une nourrice salariée, et qui fonc-tionne dans tous les départements, a fait faire à l'hygiène des progrès incomparables; mais, cela n'empêche pas que nombre de bébés atteints de débilité congénitale pourraient être sauvés si on ne les envoyait pas en nourrice; *premièrement,* parce qu'à un enfant chétif, il faut des soins *intelligents; deuxièmement,* parce qu'on compromet, dès sa naissance, le même poupon envoyé chez une nourrice lointaine, exposé aux hasards et aux dangers d'un voyage qu'il ne supportera pas ou qui le rendra ma-lade, augmentant l'épreuve du changement d'air et du changement de lait.

Ces enfants-là sont tout indiqués pour un placement dans les pouponnières si, décidément et malheureusement, leur mère ne peut les éle-ver elle-même.

Qu'est-ce qu'une crèche ?

Un externat de puériculture.

— Qu'est-ce qu'une pouponnière ?

— Un *internat*, une crèche permanente, au personnel trié sur le volet, aux installations conformes aux plus modernes découvertes de la science.

De cet internat, hélas! la société actuelle a besoin et on devrait le regarder comme un sauveteur nécessaire, trop longtemps dédaigné.

Dans notre état aigu de lutte pour la vie, il est nécessaire à la légion innombrable des parents domestiques, gens de maison, à la légion grandissante des femmes employées, dont la journée de travail commence souvent avant l'heure d'ouverture de la crèche, pour ne se terminer que bien après celle de la fermeture, nécessaire encore à la petite commerçante, laquelle, aussi bien que la vendeuse de magasin, rentre le soir épuisée à tel point que s'occuper d'un enfant et l'allaiter, lui est chose impossible.

En l'année 1898, la Pouponnière de Porchefontaine, fondée par Mmes Charpentier et Manuel, commençant à couvrir ses frais d'installation, est arrivée à baisser le coût d'une journée d'enfant à 1 fr. 90, alors qu'au début il avait fallu la mettre à 3 fr. pour les enfants payants, car il y a des boursiers.

Hélas! oui, cette somme de 1 fr. 90 est en-

core bien au-dessus de ce que peuvent prélever
une pauvre fille-mère, une domestique, une
institutrice même, sur leurs gains si légers;
aussi, pour que la Pouponnière soit accessible
à tous, il faudrait arriver à obtenir que le prix
du mois de pension ne dépassât pas 20 ou 25 fr.
et que puissent être créées un grand nombre
de bourses et de demi-bourses destinées aux
enfants de veuves, de femmes abandonnées ou
ayant leur mari malade, aux filles-mères.

Pour obtenir un tel résultat, il va sans dire
que les installations premières devraient être
d'apport philanthropique, produit de quêtes ou
de donations et subventionnées par l'Etat, le
département, la commune.

Aussi, notre étonnement demeure-t-il grand
de voir que l'exemple de Porchefontaine n'ait
pas suscité de nouvelles créations de ce genre,
qu'il n'ait pas provoqué des dons ou des legs
en faveur de l'Enfance, par ces temps de dépopulation sur lesquels gémissent tant de notables
personnalités.

Quand on sait que l'entretien des haras absorbe des millions, on ne peut songer sans
amertume que nombre des conscrits auxquels
sont destinées ces bêtes d'élevage vont être ré-

formés pour faiblesse de constitution..., songer,
aussi, au fleuve montant de la tuberculose que
la Science, si elle reste impuissante à le tarir,
devrait au moins limiter en de strictes digues,
avec ces outils de prévention certaine : les crèches et les pouponnières.

L'essentiel avantage de la pouponnière sur
la crèche est de fournir au nourrisson un régime
constant, homogène, sans changement de lait,
sans alternative de soins éclairés et de soins
plus ou moins ignorants. Il arrive constamment
que le bébé, bien portant le samedi, revient à
la crèche, malade, le lundi.

Pourquoi ? Parce que les parents l'ont promené le dimanche dans les poussières d'une
banlieue, avec halte, souvent, au cabaret... L'un
a sucé un biscuit, un gâteau ou un bonbon suspect, l'autre a été gavé de grosse soupe, un
troisième a tété du lait composite dans un biberon à long tube. Puis, on est revenu par la
brume, dans un cahotement prolongé de la
petite voiture... Il y a eu, par là-dessus, nuit
blanche, avec coliques et vomissements qui
peuvent mener le pauvret d'une simple indiges-
tion à une entérite, le foudroyer d'insolation
tournée en méningite.

Le rêve de la crèche moderne (il y en a qui sont arrivées à le réaliser) est de ne pas changer de lait, de continuer à l'enfant, durant la nuit et durant les journées d'absence, le lait stérilisé de la crèche.

Il faut, pour cela, des fonds, que ne possèdent que les crèches riches, car l'idée de faire payer le lait de la nuit aux mères indigentes est irréalisable : à peine arrive-t-on à leur faire verser les modestes deux ou trois sous de la journée de présence. De par cela même, il y a discontinuité forcée de régime pour les enfants au biberon.

La Pouponnière de Porchefontaine n'a pas seulement pour but d'aider les nécessiteux et les filles-mères aux enfants desquels elle réserve des bourses et des demi-bourses; elle s'occupe, avec raison, tout autant des ménages d'employés, travaillant, comme le dit si bien Mᵐᵉ Charpentier : « tous deux avec vaillance pour élever leurs enfants et qui, dans le monde, sont forcés de faire bonne figure, le mari ayant une redingote sur le dos et la femme devant être habillée en dame... J'espère qu'on aura admis l'utilité de leur venir en aide et que bien des esprits timorés comprendront qu'il est peut-être injuste, si tant est que les pouponnières puissent diminuer la mortalité chez les nouveaux-nés, d'essayer de ne sauver que les enfants des nécessiteux! Ceux-là aussi, pourtant, ont droit à notre sollicitude, et il serait vraiment peu humain et peu égalitaire de ne pas essayer de préserver la vie des uns et des autres. »

Le budget de l'*élevage* des enfants, me semble-t-il, devrait, sinon primer celui de l'instruction publique, au moins marcher de pair avec lui... et les philanthropes qui méditent de nouveaux bienfaits feront bien de songer aux tout-petits, en qui réside l'avenir en gerbe — ivraie, ou moisson lourde d'épis, selon ce qu'ils nous apporteront, de santé, de vigueur et de nombre. Plus sains que nous, de corps, ils le seraient aussi d'âme, partant, plus forts pour *vivre* les formules fraternelles que nous bégayons encore.

Je les invite, ces humanitaires de bonne volonté, à visiter les coquets et si hygiéniques pavillons de Porchefontaine, où les attend le joli spectacle de ce pensionnat lilliputien, à la

vie bourdonnante, quoique sagement mesurée,
pesée, surveillée, par des nounous physiquement triées sur le volet, qui sont en même
temps dressées à être des éleveuses de choix.

Visiter cette œuvre, c'est la préconiser.

Dépopulation

———

Voici le Sénat et le Parlement français simultanément saisis de deux rapports bien différents sur les moyens à adopter contre la dépopulation du pays. Mais a-t-on vraiment le droit de déplorer ce ralentissement de la natalité et de se disposer à le combattre, tant que continuera la série noire des *suicides par misère* qui désole les grandes villes et qui a pu, au « terme » d'avril dernier, dans le seul département de la Seine, se chiffrer par soixante décès en une semaine?...

« Parons au danger qui nous menace — dit le premier des deux rapporteurs, M. Piot, sénateur de la Côte-d'Or — par des lois nouvelles

s'il le faut, et luttons contre la supériorité nu-
mérique chaque jour grandissante de nos voisins et de nos adversaires. »

Très bien !... Comment s'y prendra-t-il, notre
honorable sénateur ?

Tout simplement, en demandant au gouver-
nement et aux Chambres d'assurer des avantages importants à tous les citoyens qui auront
donné un certain nombre d'enfants à la Patrie.

Ce serait à croire que nous vivons encore
sous le règne de Louis-Philippe... ou que, du
moins, l'auteur de cette motion, qu'il faut
appeler anachronique, a sommeillé un bon
tiers de siècle, pour n'avoir rien ouï du grand
lamento qui monte des couches plébéiennes —
où les parents sont las d'entendre leur progéniture clamer la faim, las de donner le jour à de
la chair à souffrance, à des avortons qui n'essaient même pas de vivre.

A l'une des dernières assemblées de la Ligue
française pour le droit des femmes, au beau
milieu des discussions, une voix vibrante s'im-
posa tout à coup, — voix amère et combattive
que j'entends encore... et toute frémissante de
conviction profonde. (Je sus que c'était celle
d'une ouvrière fort intelligente, qui lutte depuis

des années pour l'émancipation de la femme, dans les groupements des syndicats et coopératives de production, le grand œuvre de la solidarité prolétarienne féminine.)

« Les souffrances du peuple, disait-elle, ne font que s'accroître, le paralysant tous les jours davantage. Une seule chose peut valoir à l'en sortir: la diminution du nombre des naissances. Pourquoi parler repopulation, tant que durera une telle misère? On sait pourtant bien que, dans l'état présent, la femme, qui est obligée souvent de travailler autant que son mari pour faire face aux besoins de la nichée, n'arrive plus à mettre au monde des enfants viables ou au moins normalement constitués, — tuée comme elle l'est par son surmenage à l'usine ou ailleurs, et manquant d'une nourriture substantielle comme des choses les plus nécessaires à son bien-être!... Chez mes parents, nous fûmes quatorze enfants. Savez-vous combien ont vécu? Trois! Et ma mère mourut jeune, épuisée par les privations et la maternité. De tels cas ne sont pas rares : vous pouvez en constater tous les jours...»

La vérité m'oblige à dire que ce langage souleva dans l'auditoire plus de blâmes et de

rires que d'approbations. Les oreilles, brusquées
peut-être, faisaient les esprits défavorables: et
la voix amère se tut, remplacée aussitôt par le
ton mesuré et disert d'oratrices habituelles...
Elle se tut pour l'assemblée, — mais je pus
l'entendre continuer en sourdine :

« Que messieurs les bourgeois et tous les
gens riches commencent par donner l'exemple!
Qu'ils en achètent à la douzaine, eux qui ont de
quoi les soigner et les élever. Mais non ! il n'y
a pas de danger, ils ne veulent éparpiller ni
leur fortune ni leur bien-être... Ils se conten-
tent de pousser le peuple à la multiplication,
parce qu'il leur faut de la chair à travail, du
bétail humain pour faire fructifier leurs capi-
taux ! »

De ces paroles sténographiées sur le vif je
laisse mes lecteurs déduire ce qu'il leur plaira
dans le silence de leur conscience et la bonne
foi de leur philosophie... Ah ! il n'a que faire
d'être porté aux tribunes sur les ailes de l'élo-
quence, ce cri ! Il a trop souvent jailli dans les
taudis et les mansardes pour n'en avoir pas
percé les murs. Il est dans l'air. Voilà pourquoi
le projet de M. Piot me semble d'avance en-
terré. Jamais les Chambres ne pourront, à

l'heure actuelle — où le budget est devenu si
difficile à boucler, — voter les sommes que devrait demander l'honorable sénateur pour une
réalisation, tant soit peu efficace, du remède
qu'il propose.

Il n'en va pas ainsi du deuxième rapport, celui déposé par M. Strauss au bureau du Sénat.

Mais, avant de l'analyser, il nous faut poser
la parenthèse que voici :

Malgré les bienfaits de la loi Roussel[1], les
progrès de l'hygiène publique, et les secours
tant aux filles-mères qu'aux mères-nourrices,
qui ensemble ont contribué puissamment à arrêter la chute des courbes de population, les
ont même ici et là relevées, — il ne meurt pas
moins de 150,000 enfants de 1 jour à 1 an, par
an, en France, comme nous l'apprend le docteur
Bertillon dans son opuscule : *La Puériculture.*

A ce compte-là, c'est, pendant une période
de vingt ans, *trois millions* — de jetés au Moloch de la mortalité infantile !

Et logiquement, sagement, M. Paul Strauss
se dit : « Tournons-nous vers le possible ou du

---

[1] Voy. p. 37.

moins vers le plus sûr — vers la conservation
à tout prix des contingents donnés, car l'heure
n'est plus aux expériences d'issue trop contes-
table. Et pour ce, commençons par améliorer à
l'extrême la loi Roussel, soyons de plus en plus
sévères pour son application la plus stricte.
Protégeons de notre mieux la mère et l'enfant.
Que les femmes travaillant dans les usines,
manufactures, chantiers et ateliers ne puissent
plus être admises au travail dans la dernière
quinzaine de la grossesse et dans les quatre
semaines qui suivent l'accouchement; mais que,
pendant cette période de repos, à défaut de
ressources personnelles ou de l'aide qui pourra
leur être donnée par des *mutualités maternelles*
ou toutes autres organisations analogues, les
femmes soient *efficacement* secourues par l'Assistance publique, — soit à domicile, soit dans
des « Maternités » *hospitalières et secrètes,* puis
dans des asiles de convalescence.

« Dans ces établissements devra être reçue,
d'office, sans enquête et incognito, toute femme
en état de grossesse apparente.

« Et, pour que soit résolue aussi la question
si chinoisement épineuse du « domicile de secours, » décidons de suite que, au cas où la

4

malade n'a de domicile de secours ni com-
munal, ni départemental, ou bien toutes les fois
qu'elle a été admise, sans enquête préalable et
sous la garantie du secret, soit dans les asiles-
ouvroirs, soit dans les maternités, *l'assistance
incombe à l'Etat...*»

Plus loin, à propos de certaines améliora-
tions de la loi Roussel:

« Les médecins inspecteurs devront visiter
les nourrissons chaque quinzaine pendant les
six premiers mois de leur existence, mensuellement de six mois à un an, et deux fois par
mois durant la seconde année.

« Ils devront peser, durant la période d'allaitement (que l'allaitement soit naturel, mixte
ou artificiel), mensuellement les bébés et consigner leur poids sur le livret de la Protection
(du Premier-Age).

'« L'emploi du biberon à tube sera formelle-
ment interdit.

« Le sevrage au lait stérilisé sera recommandé par les médecins inspecteurs, à défaut
de l'allaitement au sein.

« Si l'enfant n'a pas été vacciné, la nourrice
doit obligatoirement le faire vacciner dans les
trois premiers mois.

« Toute nourrice ou gardeuse doit, sous peine de poursuites judiciaires, prévenir immédiatement le maire de sa commune en cas d'indisposition ou de maladie de son nourrisson. Si le maire constate qu'aucun médecin n'a été appelé auprès de l'enfant, il prévient le médecin inspecteur de la circonscription ; et si celui-ci est empêché, il requiert le médecin le moins éloigné de la résidence de l'enfant. — Les honoraires dûs pour ces visites, les dépenses de médicaments et appareils, les frais du séjour dans les hôpitaux, seront remboursés par le service départemental d'assistance médicale gratuite, quitte à ce service de se les faire rendre ensuite par les parents qui peuvent les payer. Mais qu'avant tout il n'y ait plus tergiversation de la nourrice, ne se décidant pas à chercher le docteur parce qu'elle craint d'avoir à le payer de ses propres deniers. »

Tels sont les traits principaux de la proposition de M. Strauss. Nous souhaitons vivement (et nous voulons espérer) qu'elle sera prise en considération et suivie d'un prompt effet... Cela, vraiment, ne ferait pour nous pas l'ombre même d'un doute — si, pour limiter notre confiance, hélas, ne nous revenaient ces paroles de

Jules Simon à propos du beau livre de Mme Po-
kitnoff : *Hygiène de la mère et de l'enfant :*

« L'auteur entre dans les détails les plus
minutieux, dit avec raison qu'il n'y a pas de
petit détail en pareille matière. Dans les premiers
mois de la vie, l'enfant est toujours entre la
vie et la mort... Oui, mais de quelle mère nous
parle-t-on ? Elle a une layette bien fournie de
chaussures et de bonnets. On vous dit combien
de degrés de chaleur il faudra dans sa chambre.
On lui prescrit aussi, on prescrit à la nourrice
un régime... Mais la servante obligée de dissi-
muler sa grossesse jusqu'à la dernière minute
pour ne pas être jetée sur la rue..., l'ouvrière
qui reste debout et lance la navette quand les
grandes douleurs ont commencé..., que faites-
vous de celles-là ? Quand j'ai demandé dans mes
livres, au Sénat, dans les journaux où j'ai accès,
qu'on ait pitié de ces martyrs, de leurs enfants,
de la patrie, de l'humanité, je n'ai recueilli que
des sarcasmes. A Berlin, j'ai eu la joie de voter
le repos de quatre semaines avec la presque
unanimité du Congrès. L'empereur s'en félicita
le soir avec moi, et il voulait me féliciter de la
part que j'avais prise à la discussion et au vote.
« Sire, lui dis-je, il vous en coûtera cher ! —

Eh! répondit-il, qui ne donnerait son argent pour une telle cause ? » Entendez-le, pharisiens, qui outragez la liberté jusqu'à l'outrager devant tant de cadavres. La Chambre française a, depuis, voté la même loi. Où est-elle ? Comment le Sénat n'a-t-il pas été saisi ? Pendant qu'on hésite ou qu'on recule, la mort frappe à coups redoublés sur les mères et sur les enfants...»

Et cela peut être insuffisant — est-ce possible ! — à secouer, à mouvoir les Pouvoirs publics ?... Possible parfaitement, puisque c'est de l'histoire.

Du Tour à la Porte ouverte
et à l'Assistance à domicile

Plus d'un de mes lecteurs s'est sans doute arrêté, avec un serrement de cœur, à la dernière Exposition universelle, à la section des œuvres d'assistance, devant le vieux tour monacal qui reçut, des siècles durant, les enfants abandonnés, en même temps que les provisions d'un monastère. Combien avait-il estropié de bébés qui n'eurent pas soin d'avertir de leur présence par des vagissements, nous ne le saurons jamais, mais quelles visions douloureuses n'évoqua-t-il pas pour nous, cet instrument brutal d'un autre âge, qui fut comme le sceau vivant de la première étape d'assistance infantile!

Furtives, honteuses, nocturnes — et tout ce qu'il y a de plus anonymes — les ombres qui jadis le frôlèrent, déposaient dans ce tiroir tournant les fruits d'un amour clandestin ou d'un crime, et bien des chances il y avait pour que le pauvre enfant qu'on mettait là eût du sang bleu dans les veines. Puis, trouvé commode, bientôt il devient refuge officiel, fécond de plus en plus, alimenté tout aussi bien par le peuple que par les louches matrones et les écuyers masqués, — commissionnaires gagés des nobles familles.

Il fallut intervenir, les couvents se regimbant contre les coûteux présents à côté desquels, de moins en moins, l'on trouvait l'aumônière brodée, où, parmi les louis d'or, apparaissait un pli scellé contenant une formule de ce genre :

« Henri-François-Aymé, non baptisé, que « dame sa mère consacre à Dieu tout puissant « et miséricordieux et à notre très sainte Mère, « Vierge Marie! »

Donc, l'Etat intervient et bientôt, la misère aidant — aux années de famine, surtout — les abandons vont grandissant, si bien qu'on cher-

che à les endiguer et qu'on édicte une réglementation contre les femmes qui se dérobent à
leurs devoirs maternels (il n'est pas question
bien entendu de réprimander le père; à lui
toutes les impunités et tous les plaisirs, à la
mère toutes les douleurs et toutes les responsabilités). L'infanticide est puni de mort, après
torture, et les vieilles chroniques nous révèlent
quelques-unes des leçons infligées à la fille qui
a abandonné son enfant. Ici, pendant six mois,
elle sera condamnée à s'exposer aux heures des
offices, chaque dimanche, et couronnée d'une
torche de paille, à la porte de l'église, où la
flagellera de quolibets la foule gouailleuse.
Là, affublée d'un béguin pareil à celui des fol-
les, orné, lui aussi, d'un bouquet de paille ou
de chardons, on la promène à califourchon, le
visage du côté de la queue, sur le dos d'un âne,
en compagnie, mais à distance respectueuse,
des femmes bavardes, ornées d'une langue en
carton.

Mais des époques plus humaines naissent
pour la France avec la grande révolution, qui,
Alma Parens, recueille tous les abandonnés et
tous les orphelins, leur donnant ce joli nom
d'*Enfants de la Patrie*. L'Assistance publique

est créée, et, de progrès en progrès, elle arrivera à recevoir, à bureaux ouverts, non seulement les bâtards, mais aussi les enfants légitimes abandonnés.

Cependant, malgré tout, la machine coupant les bras à tant d'ouvriers, le paupérisme va grandissant, malgré les efforts de la philanthropie. Et l'alcoolisme, la tuberculose, l'exploitation du travail féminin, qui jette des milliers de femmes au Moloch de la prostitution, nous donnent un effectif d'abandons infantiles des plus attristants. Il y a des départements où l'alcoolisme a tué jusqu'à l'amour maternel, et où les mères mariées, dont les maris gagnent peu et même souvent deviennent une charge de plus, abandonnent les enfants avec une facilité navrante. Un inspecteur d'Assistance de l'un de ces départements nous contait avoir vu des femmes venir lui amener, non des nouveaux-nés, mais des enfants de 4 à 10 ans, sans verser une larme, tandis que les pauvres petits sanglotaient, désespérément, s'accrochant à elles.

Et on a compris, enfin, que le devoir n'est pas seulement de recevoir à bureaux ouverts, mais de secourir l'enfant, le légitime indigent

comme l'illégitime, dès sa naissance, pour prévenir l'abandon, pour ne pas laisser croître
dans le cœur des mères et le découragement
et l'aigreur qui naissent forcément de la stéri-
lité des efforts d'une femme cherchant à nourrir sa nichée, alors que les salaires qu'on lui
octroie sont, partout, absolument dérisoires.

Donc nous voici, dans tous les départements,
à la tête de budgets pour *enfants secourus*.
Certains départements pauvres ont de pauvres
budgets, et même quelques-uns ne secourent
pas encore les enfants légitimes. Mais certains
départements plus fortunés, et comprenant que
l'enfant secouru pendant trois ou quatre ans
reviendra moins cher au crédit national que
l'enfant abandonné nourri aux frais de l'Etat
jusqu'à treize ans révolus, ont voté des budgets considérables. Les enfants secourus légitimes et illégitimes émargent au même budget,
mais pour une somme beaucoup moindre, dans
la plupart des départements. Quelques-uns de
ces derniers, pourtant, ont scindé leur crédit
en deux parts, dont la plus petite destinée aux
enfants légitimes.

Ici le secours sera mensuel, là il sera trimestriel, système défavorable et qui fera diverger

la somme reçue de son premier but : *payer le lait ou la nourriture de l'enfant*, pour en faire, dans six cas sur dix, d'après les confidences naïves ou les doléances justifiées que j'entendis plus d'une fois, *un secours de loyer*, venu fort à propos à l'heure du terme.

Or, et tout le monde le comprendra, une femme qui peut dire au laitier : « Chaque mois je vous paierai tant pour le lait de mon bébé », est une femme qui abandonnera bien moins vite son enfant qu'une autre. Puis, une femme qui recevra un secours d'allaitement mensuel, songera bien moins à aller vers les villes, allaiter un nourrisson riche, préférant allaiter le sien, puisqu'on l'y aide, plutôt que de le laisser élever au biberon par une étrangère.

Le secours mensuel est donc appelé à sauvegarder les liens familiaux, à diminuer la mortalité infantile, à endiguer l'exode vers les villes, à conserver les bonnes mœurs des filles-mères en les empêchant de glisser à la prostitution, et à ménager les deniers publics. Devant tant de bonnes raisons qu'il a pour exister, il ne trouve point de Conseils généraux rebelles, et, de plus en plus, il entre dans les mœurs philanthropiques.

Le Conseil supérieur de l'Assistance publique, ainsi que la *Ligue contre la mortalité infantile*, fondée par M. le sénateur Paul Strauss et d'autres personnalités des plus compétentes, et la *Ligue contre la dépopulation* le comprennent. La future loi sur l'assistance infantile sanctionnera définitivement cette question primordiale. Dans le projet de loi sur les enfants assistés, il est recommandé de développer l'institution des secours temporaires, *préventifs d'abandon* et il y est recommandé aussi, aux assemblées départementales, d'allouer des secours aux femmes isolées qui ont de nombreux enfants.

On se souvient que, d'après la loi Roussel, — protection du premier âge, — tous les enfants en nourrice sont visités mensuellement par des médecins-inspecteurs jusqu'à l'âge de deux ans et, ainsi protégés effectivement, partout où cette loi est strictement appliquée, contre l'ignorance des nourrices. Pareil système est appliqué aux *enfants secourus*, — les mères, hélas! étant imbues des mêmes préjugés que les nourrices, il y a à insister sur l'extrême bienfait de cette inspection.

En outre, les médecins-vaccinateurs et de la

protection du premier âge doivent leurs soins gratuits aux enfants de filles-mères secourus à titre temporaire, et les médicaments ordonnés sont payés par le département sur production de mémoires de MM. les médecins ou pharmaciens.

Quand j'aurai ajouté que les inspecteurs de l'Assistance publique visitent les enfants secourus, et que dans le carnet qui leur est délivré, de même que dans celui qui est délivré aux nourrices, un tableau est consacré aux *conseils élémentaires aux mères et aux nourrices* rédigé par l'Académie de médecine (commission permanente de l'hygiène de l'enfance), on comprendra de quelle importance est le service des enfants secourus, et quel bien il est appelé à réaliser.

Une œuvre de Mme de Pressensé

Mes lecteurs connaissent sans doute la personnalité éminente de Mme de Pressensé et savent quelle vie de dévouement *lucide* fut la sienne, et quelles œuvres *pratiques* sortirent de son cerveau puissamment doué, secondé par un cœur non pareil.

L'une des premières œuvres qu'elle créa fut celle des *Colonies de vacances*. Elle date de 1882 et débuta par vingt « colons » envoyés dans le Loiret. De ces colons, d'année en année, le nombre alla croissant et l'an dernier il se chiffra par treize centaines.

Personne, pas même Mme de Pressensé avec

toute sa conviction confiante, n'eût osé espérer
un essor aussi prompt, aussi complet.

Cette œuvre envoie à la campagne, pendant
un mois de la belle saison, — surtout à l'heure
des vacances scolaires, — les enfants étiolés par

Quelques colons devant une maison de nourricier,
à Nogent-sur-Vernisson.

la vie citadine. Un mois, délai réglementaire,
bien souvent allongé en un deuxième et en un
troisième mois..., soit qu'une dame patronnesse
paie la prolongation du séjour, soit que (et cela
arrive de plus en plus) la mère de l'enfant vienne
offrir de payer sa quote-part de la dépense.

Les petits colons sont placés chez des paysans, dans le Loiret, aux Bézards, — c'est là
qu'évolua la première de ces colonies, - à Adou,
la Bussière, Boismorand, les Billonnais, Sainte-
Geneviève-les-Bois, Les Choux.

Depuis 1898, une colonie, en plus, a été éta-
blie à Onival-sur-Mer, dans la Somme, laquelle
reçoit, par escouade de dix, une soixantaine
d'enfants par an, auxquels un traitement marin
se trouve être plus spécialement recommandé.

Pour bien comprendre les bénéfices que les
enfants rapportent d'une saison de ce genre,
il n'y a qu'à aller consulter les tableaux que
fait dresser avec une rigoureuse exactitude la
mairie de Clichy, qui a pris depuis 1891 l'habitude d'envoyer là-bas, *aux frais de sa caisse
des écoles,* de 80 à 90 colons, choisis parmi les
plus chétifs et les plus miséreux.

Ces enfants sont, avant de partir et à leur
retour, pesés et mesurés par le médecin des
écoles.

Voici le tableau de l'une des dernières années :

89 enfants.

Augmentation moyenne de poids :

Garçons : 1 kilg. 380.

Filles : 1 kilg. 950.

Départ pour Paris après les vacances
(Gare des Choux-Boismorand).

Augmentation du périmètre thoracique :
>   Garçons : 1 cent. 1/2.
>   Filles : 1 cent. 3/4.

Augmentation de la taille :
>   Garçons : 5 mm.
>   Filles : 5 mm.

Point n'est besoin de dire que l'œuvre admet les enfants sans distinction de culte ni de nationalité.

L'action de ces colonies est moralisatrice au premier chef et même elle a eu des résultats auxquels ne s'attendait pas la regrettée fondatrice. Ceux-ci notamment : retenir les mauvais penchants de certains pères de famille adonnés au culte de la dive-bouteille, lesquels aidèrent la ménagère à faire des économies, afin que pût être offerte à leurs enfants une prolongation de séjour et donner à certains de nos petits citadins le goût de la vie campagnarde. Plusieurs d'entre eux, déjà, ont trouvé leur vocation dans la culture ou l'élevage.

A cette heure d'exode néfaste vers les villes, physiquement et moralement malsaines — on ne le répétera jamais trop, jamais assez — n'est-ce pas un résultat des plus appréciables et que l'on doit, par tous les moyens et partout, encourager ?

Les enfants, durant ces cures d'air, sont parfaitement, pleinement heureux...; c'est une griserie véritable pour eux, au sortir de leurs

La colonie de vacances dans la forêt des Bézards.

tristes logis, que de faire connaissance avec la liberté, avec le soleil.

Il faut des gens comme nous autres qui, quotidiennement, avons visité les taudis de la capitale pour comprendre réellement la grande uti-

lité palliative de ces cures d'air pour les enfants
du peuple.

Oh! ces visages pâlots, aux yeux de fièvre,
aux grêles poitrines, à l'ossature déformée, ces
pauvres jambettes rachitiques..., lamentables

Les colons de l'œuvre de Mme de Pressensé
à Onival-sur-Mer.

effets, chez la génération qui pousse, des bar-
bares conditions hygiéniques de la vie prolétarienne, dont la plus navrante est celle de ces
logis sombrement humides, ou des rez-de-
chaussée qu'oppressent de tous côtés les tristes

murs des hautes bâtisses et saturés de relents
qu'aucun vent ne saurait balayer, ou perchés
sous les combles, où l'on gèle l'hiver, où l'on
étouffe l'été, parmi l'infection des *plombs* qui
desservent l'étage — combien mal tenus — et
les vomissements noirs à jet continu des grosses
cheminées d'usines dont les fumées s'infiltrent
partout, jusque dans la pauvre malle disjointe,
servant de commode, jusqu'en la soupière où,
sur le pitoyable aliment, voltige le poivre des
fumerons.

Alors, les voyez-vous, ces pauvres grêles poumons d'enfants, en cet air vicié, se détériorer de
jour en jour, se tasser, s'enflammer, préparer la
tuberculose, tandis que s'étiolent, comme les
tiges des plantes en cave, leurs membres rachitiques?

Et les voyez-vous, ensuite, transplantés en
air campagnard, où aussitôt leur jeu vital va
s'éployer ?

Et, tandis que les poumons se saturent d'oxy-
gène, la petite âme du colon fera, elle aussi,
provision de santé, en ce bref mais large contact avec la nature, — tendre mère qui serait la
pacificatrice et la guérisseuse universelle si les
hommes n'allaient éperdûment, comme de

pauvres phalènes, se brûler à la vie artificielle des villes.

Oh! le côté pittoresque et le côté joyeux de ces départs et de ces retours d'enfants, à la gare de Lyon! Les colons reviennent chargés de fleurs, de chapelets, de marrons, de provisions campagnardes, offertes par les parents nourriciers. Les teints sont brunis, les yeux clairs, la démarche plus vive. Les parents n'en reviennent pas, de ce changement rapide, et ce sont des exclamations, émues et comiques tour à tour, qui amènent ou le rire clair ou la petite larme attendrie.

Les chapeaux, par exemple, se ressentent de la griserie coloniale; ils sont tous plus ou moins endommagés, affectant des formes plutôt fantaisistes qu'on ne trouve pas dans les courriers de la mode. Il y en a qui ne sont plus qu'un trou, avec un peu de chapeau autour; d'autres manquent de fond, ou de bord, mais tous sont enguirlandés ou empanachés à plaisir. Et c'est le soleil lui-même qui rit en ces lumineux visages des petits régénérés, en cette joie émue des mères endimanchées... avec plein leur cœur de gratitude.

Et pour donner tout ce bonheur à un enfant.

il n'y aura qu'à donner deux louis, pour un
mois, le prix du voyage y étant compris!

Elle n'est plus là, notre vénérée doyenne,
notre si noble amie de Pressensé... mais son
œuvre lui survit, forçant l'attention, éveillant
le dévouement et la sympathie. Ses élèves en
bonté, ses émules en vaillance en assurent annuellement l'extension nouvelle, le succès sans
limites. Grâces leur en soient rendues, notamment à leur zélée présidente, Mme Frank Puaux.

L'Instruction et le Pécule
des Enfants Assistés

———

Des esprits plutôt grincheux ont, il y a peu de temps, trouvé moyen de critiquer le système du placement à la campagne de nos enfants assistés français, accusant ceux qui l'ont intronisé de vouloir faire de ces pauvres petits des êtres inférieurs privés des bienfaits de l'instruction. Ce m'est, là, une excellente occasion de redresser certains préjugés qui ont cours à ce sujet et pour éclairer d'aucuns détracteurs qui pèchent surtout par ignorance.

En tout premier lieu, faisons remarquer ici

que tout enfant privé de ses soutiens naturels
commence par être, lorsqu'il devient orphelin,
ou lorsqu'il est abandonné de fait ou moralement[1], renvoyé à son département d'origine —
s'il ne l'habite pas — qui le prend désormais à
sa charge. Chaque département possède, en son
chef-lieu, un Inspecteur départemental de l'Assistance publique, qui devient le tuteur de l'orphelin ou de l'abandonné. L'enfant est ensuite
confié à une nourrice ou gardienne chez laquelle il reste jusqu'à l'âge de 13 ans, époque
où il entre en apprentissage ou est placé comme
petit domestique dans une ferme. Dès qu'a
sonné pour lui l'âge scolaire, il fréquente les
écoles, non seulement aussi régulièrement que
les enfants des nourriciers, mais *plus régulièrement qu'eux*, et souvent, lorsqu'à l'époque de la
fenaison ou des grands travaux de la ferme, il y
a des lacunes sur les bancs de l'école, ce n'est
pas dans les rangs des enfants assistés que vous
les trouverez.

Le pourquoi en est fort simple :

[1] Les enfants classés sous le nom de *moralement abandonnés* sont ceux contre les parents indignes desquels fut
prononcée judiciairement la déchéance de la puissance paternelle.

1° Tous les nourriciers savent par cœur cette clause du livret des pupilles :

« *Des retenues de salaires seront faites aux gardiens qui n'enverront pas régulièrement les élèves à l'école. En cas de récidive l'enfant sera retiré, et le trimestre en cours ne sera pas payé.* »

2° Dans beaucoup de départements des primes sont accordées, non seulement aux en-fants assistés, qui passent avec succès l'examen du certificat d'études primaires, mais aussi à leurs instituteurs et à leurs nourriciers, privés des petits services de leurs pupilles durant les heures d'études supplémentaires.

Et voici comme quoi, dans bien des villages, ce sont surtout des petits assistés qui se pré-sentent au certificat d'études primaires.

Dans le département de l'Allier, par exemple, lorsqu'un enfant a été reçu au susdit examen, il reçoit un livret de caisse d'épargne de 25 francs, son gardien une récompense du même prix et l'instituteur une prime de 50 fr. Dans le départe-ment de la Haute-Savoie les primes sont ainsi réparties : à l'enfant 50 fr., à l'instituteur 50, à la nourrice 50.

Ajoutons que, à chaque trimestre scolaire,

les instituteurs et institutrices envoient à l'Inspecteur départemental un état des présences
en classe des enfants assistés Il est donc
toujours au courant de la fréquentation scolaire
de ses pupilles et n'hésite pas à sévir contre les
gardiens qui ne tiendraient pas leurs engagements, à leur retirer leurs pupilles. Or, dans
presque tous les départements, malgré le prix
modique de sa pension, l'enfant assisté est d'un
rapport très apprécié par le paysan; celui-ci, peu
habitué à avoir entre les mains de l'argent son-
nant, est fort heureux d'en trouver, grâce aux
mois de nourrice, à l'heure du loyer de la ferme
ou des terres amodiées.

— N'empêche, réplique un de nos grincheux
susdits, que vous parquez vos enfants dans la
spécialité agricole, que vous les empêchez
d'évoluer s'il en ont le désir.

Et je réponds :

— Les instituteurs qui découvrent à un enfant des aptitudes spéciales, ne manquent pas
de le signaler à son tuteur; et celui-ci, après
étude du cas, fait concourir son pupille pour
l'obtention d'une bourse, soit en un lycée, soit
en une école professionnelle, soit ailleurs, s'il
n'est pas mis en apprentissage chez quelque

patron pour le métier duquel il a montré du goût. On pourrait dresser une liste spéciale pour les petits assistés qui *sont sortis du rang*, ils ne manquent pas. La majeure partie *préfère* rester au village.

— Qu'on élève à la campagne des enfants qui y sont nés, reprend mon interlocuteur, je l'admets, mais pourquoi y envoyer ceux des villes, ceux de Paris notamment? De ces petits citadins à l'intelligence vive, aux membres grêles, jamais vous ne ferez de robustes agriculteurs.

— Et c'est ce qui vous trompe, monsieur le mécontent! A ces gringalets des cités modernes qui nous arrivent au service anémiés ou menacés des pires hérédités, à ces pauvres petits, dont la plupart ont connu de près la misère physique — souvent aussi la misère morale — nous refaisons, grâce précisément à l'air vivifiant des campagnes, une nouvelle nature. Sans crainte d'être démentis nous pouvons affirmer que les trois quarts d'entre eux, nous les sauvons. Le dernier quart est celui qui nous est arrivé taré déjà d'une manière irrémédiable, contaminé de syphilis, ou se trouvant être le produit non viable d'une ascendance alcoolique, candidat à la tuberculose dès sa naissance, ou encore, enfant de fille-mère ayant pâti dès l'heure de la gestation.

Oui, je le répète, non seulement le sauvetage de nos assistés, mais le sauvetage de notre humanité en décadence, devra être le retour à une vie plus normale que celle des villes à l'air raréfié et putride, aux usines dévorantes, aux cabarets et aux cafés-concerts de perdition.

— Mais dans les villes vos pupilles arriveraient, dès 18 ans, à gagner trois ou quatre francs par jour, donc, en moyenne une centaine de francs par mois, tandis qu'à la campagne comme valets de ferme, comme filles de service, ils ont ce me semble des gages fort minimes ?

— Si leurs gages sont moindres à la campagne, la vie y est également bien moins cher, et surtout les occasions et tentations de dépenser n'y existent pas comme en ville. A leur majorité nous leur rendons des comptes de tutelle et leur remettons leur pécule, pécule servant de dot aux filles et fort souvent de fonds d'établissement aux garçons. Nous en connaissons qui, avec leur montant de sortie, ont, au retour du service militaire, loué une petite ferme avec ses dépendances et sont aujourd'hui des agriculteurs

aisés. Quant aux filles, pour peu que leur conduite soit bonne, elles trouvent à se marier plus
facilement que la majorité des filles du village,
elles qui, apportant leur pécule, sont dotées.

— Le pécule est donc généralisé aujourd'hui
chez les enfants assistés ?

— Vous en doutez encore ? — Pour vaincre
votre incrédulité, voyons ces extraits d'un tableau qu'on vient de dresser en haut lieu. Il
contient les chiffres de plusieurs livrets de pupilles en différents départements, déduction
faite des sommes qui auraient pu échoir à ces
enfants à tout autre titre que celui d'épargne
sur les gages.

DÉPARTEMENT DE LA MEUSE

Noms	Age	Nature du placement	Gages annuels	Montant du pécule au 1er janv.	
			FR.	FR.	C.
R., J.-J.	21 ans	ouvrier agricole	400	1030	60
Z., A.	21 »	» »	400	985	46
L., G.	20 »	servante	320	981	92
B., E.-J.	20 »	ouvrier agricole	380	975	28
L., L.	20 »	servante	270	961	80
F., G.	19 »	ouvrier agricole	385	936	17
F., A.-A.	19 »	» »	360	916	72
R., J.-P.	20 »	» »	312	907	68
B., C.	19 »	» »	300	818	47
T., E.	19 »	» »	290	783	09
B., C.	19 »	» »	350	773	97
M., Ch.-L.	20 »	» »	200	959	40
R., C.-M.	20 »	servante	180	902	73
T., M.	20 »	ouvrière agricole	155	826	89
B., M.	20 »	» »	170	702	48
G., A.-A.	21 »	» »	360	646	84
G., C.-E.	20 »	ouvrier agricole	260	440	89
K., E.	21 »	ouvrière agricole	240	562	27
K., C.	20 »	» »	300	464	48
S., F.	20 »	ouvrier agricole	300	436	86

DÉPARTEMENT DES ARDENNES

Noms	Age	Nature du placement	Gages annuels	Montant du pécule au 1er janv.	
			FR.	FR.	C.
C., O.	20 ans	ouvrier agricole	360	731	76
D., J.-B.	20 »	» »	420	671	61
Ch., M.	19 »	dom. à la camp.	240	594	10
R., M.	20 »	dom. mais. bourg.	300	551	06
G., C.	20 »	ouvrier agricole	510	534	17
S., L.	20 »	» »	350	525	88
T., E.	19 »	» »	250	496	39
H., L.	21 »	étameur (ouvrier)	360	488	70
L., Ch.	19 »	ouvrier agricole	200	480	79
D., Ed.	18 »	» »	200	453	65
R., H.	18 »	» »	350	445	02
B., H.-B.	19 »	» »	350	434	16
R., D.	20 »	ouvrier vannier	250	419	73
B., A.	20 »	garçon épicier	420	409	90
T., L.	20 »	ouvrier agricole	250	401	—
H., E.	20 »	» »	300	413	55
G., M.	21 »	servant de ferme	275	367	44
D., J.-B.	19 »	ouvrier agricole	230	355	30
P., J.	20 »	trav. dans usine	200	364	91
T., L.	21 »	boulanger (gar.)	280	361	62

DÉPARTEMENT DE LA MARNE

Noms	Age	Nature du placement	Gages annuels	Montant du pécule au 1er janv.	
			FR.	FR.	C.
V., E.-S.	21 ans	ouvrière agricole	336	883	45
H., M.-J.	21 »	dom. mais. bourg.	380	822	91
D., Th.-L.-Ch.	21 »	» »	300	808	—
V., H.-M.	21 »	ouvrier agricole	320	765	09
R., G.-C.	21 »	» »	510	737	56
L., A.-M.	20 »	» »	350	660	—
G., N.	21 »	» »	480	627	22
L., P.-T.	20 »	» »	432	619	66
T., V.	18 »	» »	360	584	73
J., L.-J.	20 »	ouvrière agricole	300	580	26
F., G.-F.	20 »	ouvrier agricole	350	577	—
J., E.-F.	18 »	» »	220	573	—
D., A.	20 »	» »	310	560	69
L., M.-L.	20 »	ouvrière agricole	300	560	—
P., Cl.	19 »	dom. mais. bourg.	300	550	43
V., L.-M.	20 »	élève sage-femme	300	518	85
L., E.-L.	20 »	ouvrier agricole	360	548	—
O., E.	19 »	» »	350	528	90
M., A.	20 »	» »	340	521	--
G., R.-A.	20 »	» »	280	517	60

Oui, ces pécules sont une des meilleures réponses à ceux qui critiquent notre système d'élevage des enfants assistés. Alors que, de maint orphelinat religieux, les enfants sortent à 21 ans sans le sou, parqués dans une spécialité qui ne leur aide pas à gagner leur vie, les pupilles de l'Etat quittent la tutelle, non seulement avec un livret garni, mais connaissant à fond leur métier d'agriculteur, de domestique, ou la profession pour laquelle il ont montré de l'aptitude. Ceux d'entre eux qui mènent la vie simple du campagnard n'ont pas les envies, les ambitions, le goût du plaisir des citadins. Tôt ils se marient, faisant souche de petits citoyens bien constitués, tandis que les autres, effrayés par la perspective des charges familiales, renvoient à bien plus tard la question de leur établissement, et, souvent, vivent d'une manière dissolue, à moins qu'il ne trompent et abandonnent quelque pauvre fille qui eut foi en eux.

Habitués dès le premier mois de leur gain à voir prélever sur leurs gages la petite épargne mensuelle, qui, versée aux mains du receveur de l'hospice, prend le chemin de la caisse d'épargne, nos pupilles prennent goût à l'économie, surtout dans les départements où le Con-

seil général vote, pour exciter leur zèle à l'épargne, une prime annuelle dont le montant vient
grossir leur pécule. Dans certains départements
cette somme est de 10 pour cent, dans d'autres
de 20. Ainsi le pupille qui aura économisé 200 fr.,
recevra au bout de l'année, dans les départements où la prime est de 10 pour cent, 20 fr.
en sus de ses économies.

Je finirai en disant que mon interlocuteur
m'a quittée — simplement parce que renseigné
sur des choses qu'il ignorait — avec de tout
autres sentiments.

A l'Exposition de l'Enfance [1]

L'idée de M. Rollet était belle, et beau était son but, partageant entre des œuvres de charité les profits de cette *Exposition de l'Enfance*. Elle était parisienne entre toutes, cette idée, car nulle part peut-être autant qu'à Paris l'enfant n'est adulé, mis en vitrine, et cela souvent à son très grand préjudice. Joli et harnaché, pomponné, même dans le peuple, nous le voyons occuper dans la famille une place souvent trop moëlleuse qui annihilera ses forces plus tard, en fera un être dépendant et capricieux tout à la fois, tandis que son petit voisin suisse, son petit voisin anglais, poussant en liberté, non asservi

[1] 1901.

aux caprices de la mode, se prépare à la lutte
pour la vie.

Donc, M. Rollet était dans le vrai et devait
réussir, étant donnée surtout la peine qu'il prit à
parfaire son œuvre.

Dès l'entrée l'on est charmé et de partout at-
tiré. Jouets, crèches anciennes, ravissants tableaux, vêtements de luxe, souvenirs historiques,
galerie de futurs hommes célèbres, tout s'impose
à notre attention, tout mérite d'être vu.

Laissant de côté la section amusement et la
section instruction, nous nous dirigeons tout
droit vers la section de l'élevage des nourrissons et vers la section de philanthropie, où
beaucoup d'œuvres ont exposé, mais où beaucoup d'œuvres manquent à l'appel, je ne sais
trop pourquoi.

Tout d'abord, nos regards sont frappés par le
simple et modeste tableau d'une œuvre belle
entre toutes, celle de la *Société de l'allaitement
maternel et des Refuges-ouvroirs* qui, depuis
l'année 1892 — époque de sa fondation — a
sauvé des milliers de filles-mères du suicide, des
milliers d'enfants de la mort. Nous en avons
parlé dans notre premier chapitre.

Proche de là, nous voyons une petite vitrine

qui, elle aussi, brille par sa simplicité, son absence de réclame; mais qui se recommande par
les services qu'elle rend, c'est celle de l'*Association des dames mauloises,* que nos lecteurs, de
même, connaissent déjà. Elle renferme le contenu de l'un des fameux sacs circulants prêtés
aux accouchées, et a l'honneur d'attirer autour
d'elle beaucoup de mamans.

Les tableaux fort jolis de la Société des
crèches, et ceux surtout de la Pouponnière, sont
très appréciés.

Mais, quel est donc cet encombrement, plus
loin? Il y a, là, un coin d'exposition continuellement accaparé; les enfants surtout s'y rendent
en troupe, et les papas soulèvent les plus petits
à bout de bras, afin qu'ils puissent mieux voir.

C'est un diorama des plus amusants, des plus
ingénieux, qui représente l'œuvre du *Joyeux
Noël* sous tous ses aspects. Elle a pour but, cette
œuvre, la distribution de jouets, de friandises,
et de vêtements aux enfants indigents, pendant
les fêtes de Noël. Souvent aussi, elle joint à ces
distributions une petite fête musicale accompagnée d'une représentation de Guignol. L'idée
de ces dioramas est trop ingénieuse pour que
nous n'en donnions pas une petite description

ici, renseignant les personnes qui ont à exposer des choses de ce genre et qui veulent avoir un franc succès, attirer tous les regards.

Qu'on se figure une maisonnette accotée à l'un des murs intérieurs du Petit Palais, maisonnette rustique aux contrevents ouverts, dont le toit est saupoudré de neige et près de la cheminée duquel voltige un amour, prêt à y descendre. Derrière le toit, sur un fond de décor représentant un ciel de nuit d'hiver, un quartier de lune étincelle, magique.

Par chacune des fenêtres, dont les volets verts sont adossés au mur, nous assistons à une scène différente, ayant trait à l'œuvre. Par celle-ci, nous voyons les enfants hospitalisés au sanatorium d'Hendaye qui se pressent impatients autour des paniers de jouets que vient d'envoyer le *Joyeux Noël*, dans une salle d'hôpital.

Une troisième nous montre le vestiaire de l'œuvre, où les mamans viennent, à la sortie de l'hôpital, vêtir les bébés convalescents, manquant de tout.

Une quatrième nous fait assister au déballage des jouets de l'orphelinat de Ménilmontant. Une cinquième nous transporte à la Salpêtrière, une sixième à Saint-Jean-de-Dieu.

Et toutes ces scènes sont d'une vérité parfaite, d'un attrait qui retient tous les regards, aussi les dons et adhésions affluent-ils au *Joyeux Noël* depuis l'ouverture de l'Exposition.

Un compartiment dont l'un des tableaux est orné de crêpe, nous initie aux multiples aspects des créations de l'œuvre de la Chaussée du Maine, en deuil de son infiniment regrettée fondatrice, Mme de Pressensé, qui passa par la vie en faisant le bien avec la plus grande modestie, la plus entière simplicité. Ses œuvres sont toutes marquées au coin d'un libéralisme spécial, d'où est exclue toute idée de propagande. Les enfants y sont admis sans distinction d'état civil, sans distinction de religion. Il y a parmi elles une école du jeudi, un ouvroir, une assistance par le travail, une école professionnelle, une école maternelle, un asile temporaire recueillant les enfants dont la mère est à l'hôpital, et des colonies de vacances. A ces dernières qui ont pris, depuis quelque temps, une extension particulière, nous avons consacré plus haut un article.

L'École des enfants arriérés et infirmes de la Salpêtrière a exposé, elle, les travaux de ses élèves ; et c'est merveille de voir comme on a pu, dans ces cerveaux embryonnaires, éveiller l'intelligence du travail, la joie d'apprendre, arriver à un résultat dont nous voyons les preuves manifestes. La vitrine des enfants de la Salpêtrière contient des fleurs artificielles, porte-cartes, des porte-montres, de jolis sachets à mouchoirs, à dentelles, mille bibelots de luxe, qui ne dépareraient pas le plus bel étalage d'un magasin en vogue.

Cette section des arriérées de la Salpêtrière doit son essor à une femme dont le nom est vénéré dans les annales de la bienfaisance, et dès l'entrée de l'école, ce nom attire le regard des visiteurs, gravé au fronton du bâtiment principal : *Pavillon Nicolle.*

Léontine Nicolle, née en 1822 dans le canton de Vaud en Suisse, appartenait à une des plus vieilles familles de ce pays. Venue jeune en France, elle assista à la ruine des siens et dut même, arrivée à la position la plus précaire, solliciter pour sa mère une place parmi les vieillards de la Salpêtrière. Pour ne pas quitter cette mère aimée, elle demanda comme une faveur suprême d'être prise au service de l'hospice. On l'adjoignit à l'école des arriérées, comme institutrice, avec le grade de sous-surveillante. Et,

dans cette école, elle se révéla supérieure en la
manière de traiter les pauvres idiotes, les infirmes, leur infusant la curiosité d'apprendre, le
plaisir de travailler. Dans tel cerveau regardé
comme fermé à jamais, elle fit jaillir une étincelle ; à telles mains inertes, elle sut donner la
souplesse, le pouvoir de parfaire de minutieux
ouvrages.

Léontine Nicolle entra à la Salpêtrière en
1850. En 1879, l'Académie française lui décer-
nait le prix Montyon et faisait frapper pour elle
une médaille d'or. En 1887, le Président Car-
not lui remit la croix de la Légion d'honneur.
Elle mourut en 1891 entourée de respect et de
reconnaissance.

Une autre femme au cœur maternel lui a suc-
cédé, Mme Meusy, fille de M. Vaughan, directeur
de l'*Aurore*.

Tout près de la vitrine des arriérées, nous
nous arrêtons devant le tableau de la *Goutte de
lait fécampoise*, sœur aînée de la *Goutte de lait
rouennaise*. Elle tient ses assises à côté de
l'*Œuvre philanthropique du lait*, création fonctionnant de même que les Gouttes de lait susdites, mais avec des prix différents. Cette œuvre
possède aujourd'hui 11 dépôts de lait dans Paris,

ouverts en été chaque matin de 6 à 10 heures.
Aux personnes demeurant trop loin de ces dépôts, le lait est livré à domicile.

Les *Crèches parisiennes*, fondées par Mme
Cremnitz, attirent le regard par leur bébés gran-
deur nature et l'exposition de leur matériel.
D'autres crèches également témoignent de leur
existence heureuse, retraçant les progrès qu'elles
firent depuis leur création.

Puis, ce sont les dispensaires, avec leurs ma-
quettes plus ou moins grandes, parmi lesquelles,
sans contredit, celle du dispensaire Furtado-
Heine est la plus belle. Les sanatoriums marins, très regardés, principalement celui de Hendaye et celui d'Arcachon, fondé par le docteur
Armaingaud, président de la Ligue contre la
tuberculose, de plus ancienne date, car d'autres
ligues ont évolué depuis, menant le même utile
combat, mais s'éparpillant trop en besognes ac-
cessoires, et se faisant concurrence l'une à l'autre, ce qui n'avance malheureusement pas les
choses.

Viennent ensuite parmi les œuvres à citer :
le *Sauvetage de l'enfance*, recueillant les enfants maltraités, la *Ligue fraternelle des enfants
de France*, l'*Association charitable* en vue de

créations d'asiles gratuits pour les petites men-
diantes, les orphelinats et patronages de tous
genres, les instituts de sourds-muets, l'Association Valentin Haüy; toutes sociétés qui expo-
sèrent à l'Exposition universelle de 1900.

Une mention spéciale est à décerner aux en-
vois de l'*Asile-Ecole* de Bicêtre fondé par le docteur Bourneville en faveur des garçons infirmes et
arriérés. Une autre à l'*Abri de l'enfance*, qui
recueille des bébés dont la mère est malade.

Mais il faudrait des pages et des pages encore,
pour parler de toutes ces choses intéressantes!

Ne terminons pas, pourtant, cette si instruc-
tive promenade sans avoir dit un mot de la
bibliothèque, fort curieuse à consulter. Elle
a les honneurs d'un catalogue spécial et comprend des recueils documentés sur l'hygiène, la
médecine, l'éducation, l'enseignement, l'assistance, la préservation morale et la législation.

Les travaux les plus remarquables sur l'Enfance, éclos aussi bien à l'étranger qu'en France,
y sont représentés, et nous y retrouvons non
seulement les auteurs modernes, mais les auteurs anciens.

L'Œuvre du Trousseau

Dans le quartier populaire de Charonne, à
Paris, fonctionne, depuis le 15 février 1899,
grâce à l'initiative d'une femme de cœur,
Mme Béguin, directrice d'école communale, une
œuvre des plus intéressantes de solidarité féminine, celle du *Trousseau*.

Elle a pour but de procurer aux jeunes filles
du quartier, à l'heure de leur établissement,
ou même avant, un trousseau simple mais complet, composé de soixante-quatorze pièces de
lingerie.

Voici comment l'idée de cette fondation
germa en l'âme de Mme Béguin. Elle avait, dans
sa classe, de pauvres fillettes absolument dé-

pourvues de linge. Elle résolut de quêter, auprès de commerçants, de la toile, de la cretonne, pour leur tailler dedans des chemises, qu'elle leur ferait coudre à elles-mêmes.

Elles acceptèrent, cela va sans dire, avec enthousiasme, et le projet se réalisa parfaitement.

De là à l'idée d'un trousseau entier pour la fillette devenue jeune fille, préparé doucement par une quotidienne épargne au travail suivi, il n'y avait qu'un pas; — il fut vite franchi.

Dans sa classe de la rue Riblette, Mme Béguin assembla les fillettes, leur proposant la combinaison suivante :

« Chacune d'entre vous qui saura coudre et qui aura atteint sa neuvième année, pourra devenir membre participant dans une œuvre que nous allons fonder ensemble, et que nous appellerons l'*Œuvre du Trousseau,* en versant une cotisation mensuelle de 50 centimes. Dès la première cotisation versée, elle sera admise à venir chercher son étoffe le premier vendredi du mois, et à préparer son trousseau, et, dès qu'elle aura achevé une pièce, cette pièce sera enregistrée et déposée dans une case spéciale d'une armoire confectionnée en vue de vos trousseaux, et, ainsi, chaque mois, un nouvel objet sera ajouté aux autres. »

L'œuvre était fondée et obtint rapidement les suffrages de toutes les fillettes et de toutes les mamans du quartier.

Les fillettes fortunées ont demandé à leur maîtresse, comme une faveur, d'aider leurs compagnes nécessiteuses à composer leur trousseau. On les a admises comme membres *directeurs;* elles paient la cotisation de celles qui ne la peuvent pas payer; elles cousent pour ces mêmes compagnes et se montrent parfois plus zélées qu'elles.

En outre, les mères de famille pouvant disposer de quelques heures de temps en temps viennent à l'œuvre pour tailler et préparer les pièces du trousseau.

Dans la salle où tout ce monde travaille en bonne confraternité l'hiver, et sur les murs du préau où l'on se réunit l'été, nous relevons les inscriptions suivantes :

Riches et deshérités, l'aiguille nous unit.
L'aiguille est la meilleure amie de la jeune fille.
L'aiguille lutte contre la misère.
Qui recherche l'aiguille fuit le mal.
Qui aime l'aiguille hait la paresse.

Déjà cinq jeunes filles se sont mariées depuis la fondation de l'œuvre. Chaque fois leurs trousseaux ont été exposés durant leurs fian·çailles, et c'était fête, alors, parmi toutes les mamans, parmi toutes les compagnes. Parmi ces dernières, les plus fortunées ne manquèrent pas d'ajouter un petit cadeau en souvenir, au trousseau de l'amie qui s'en allait.

Le seul ornement toléré, dans la confection de ces trousseaux, c'est la dentelle au crochet, faite par les jeunes filles elles-mêmes.

Parmi ces cinq trousseaux fournis, l'un a une touchante histoire. Il appartient à une jeune orpheline qui a dû quitter brusquement l'œu·vre, à la mort de sa mère, pour aller gagner dans une usine, non seulement son propre pain, mais celui d'un jeune frère et d'une petite sœur. Voyant cela, ses anciennes compagnes payèrent, pour elle, la cotisation mensuelle et confec·tionnèrent tout le trousseau.

On ne saurait croire quelle émulation règne parmi les jeunes filles de cette association, et avec quelle ponctualité elles arrivent à l'ou·vroir.

Non seulement elles gagnent ainsi, de par l'excellente idée de leur maîtresse, un trous·

seau des plus utiles, mais encore, riches et
pauvres, elles acquièrent en suivant les séances
de couture, des habitudes d'ordre, le goût du
foyer domestique, qu'on accentue encore chez
elles par de bonnes lectures durant les heures
de travail à l'aiguille.

Très touchée de cette solidarité éclose à
l'*Œuvre du Trousseau*, Mme Loubet voulut, au
printemps dernier, aller visiter elle-même
l'atelier de la rue Riblette, voir les deux trousseaux qui y étaient alors exposés. Elle se mon-
tra enchantée de cette visite, et a émis le vœu
de voir les écoles des autres quartiers de Paris
prendre celle-ci pour modèle.

On prête à Mme Béguin l'intention de provoquer une création supplémentaire de trousseaux, dits de *provision*, destinés aux enfants
pauvres, aussi bien à ceux des classes maternelles qu'à ceux des classes primaires.

Pour ces trousseaux qu'on distribuerait à
tous les petits écoliers dans le besoin, seraient
acceptés des objets déjà usagés, qui seraient
raccommodés et appropriés à la taille du des-
tinataire, à l'ouvroir même.

Ce serait là une idée excellente encore à laquelle on ne peut que souhaiter bonne réussite.

Si souvent la propreté fait défaut dans les classes indigentes, parce que le linge de rechange manque! Nous connaissons de pauvres mères de famille obligées de laisser les enfants enfermés ou couchés durant une partie du dimanche, tandis qu'elles vont laver leur unique chemise, leur unique paire de bas, au lavoir voisin.

Ne sont-elles pas touchantes aussi ces mères de famille riches, allant aider à la confection des trousseaux des jeunes filles indigentes ? Des leçons de choses comme celles qu'elles donnent en cet ouvroir, où elles coudoient des femmes du peuple en toute confraternité, ne sont-elles pas le meilleur acheminement vers une fusion harmonieuse des classes de la société actuelle, au-dessus de laquelle plane, comme un *Mené-Thékel-Parès*, le perpétuel épouvantail d'un soulèvement prolétarien.

L'Atelier-École

—

L'Atelier-Ecole de l'Avenue du Maine[1], fondé par Mme Suchard de Pressensé, pourrait être appelé l'atelier modèle, tant il est de tenue parfaite et de portée morale effective.

Répondant à un besoin, il a conquis dès son apparition la faveur d'un public à la fois protecteur de l'œuvre et intéressé à sa réussite. Tout le monde sait que la question des domestiques devient de plus en plus ardue, surtout dans les grandes villes, où le bureau de placement n'arrive même pas à être un palliatif en cette crise qui ira croissant encore. Or, l'Ate-

[1] Aujourd'hui, 40, rue Boulard, à Paris.

lier-École a pour but, non seulement de protéger les jeunes filles de la classe ouvrière contre
les dangers qui les entourent pendant leur apprentissage, mais de former de jeunes domestiques et de bonnes ouvrières. Donc, les dames
patronnesses, et les dames du comité de l'œuvre qui se groupèrent autour de l'excellente
fondatrice, devinrent les premières clientes de
la fondation, à laquelle elles rallièrent leurs
amies et ainsi sont-elles intéressées, de toutes manières, à la formation d'un personnel de choix.

On reçoit à cette école les fillettes dès l'âge
de treize ans, divisées en deux sections, internes
et externes.

Leurs parents doivent prendre l'engagement
de ne pas les retirer avant la fin de la troisième
année et cette clause est rigoureusement main-
tenue, non seulement à cause d'une meilleure
formation des élèves, mais afin de ne pas les
exposer à travailler au-dessus de leurs forces et
cela en pleine période de croissance.

Les externes sont admises gratuitement, et
reçoivent gratuitement, à partir de la deuxième
année, leur déjeuner de midi.

En outre elles reçoivent, à leur départ de
l'atelier, une somme proportionnée à leur tra-

vail et à leur conduite, qui leur est remise dans
un livret de caisse d'épargne, à leur nom, qu'on
leur conseille de ne pas retirer — à moins d'extraordinaire besoin — avant leur majorité.
Beaucoup d'entre elles avouèrent à leurs dames
patronnesses que ce fut, là, le point de départ
de leur zèle à l'économie.

Les internes doivent fournir un trousseau et
payer une pension mensuelle de trente francs,
laquelle pension, selon le travail des enfants,
est graduellement réduite, parfois jusqu'à dix
francs, pendant le cours de la troisième année.

Point n'est besoin de dire que plus d'une
jeune fille est entrée à l'asile hospitalier par
les soins d'une dame patronnesse, payant tout
ou partie de la mensualité exigée et même faisant, parfois, les frais de son trousseau, qui,
d'ailleurs est des plus modestes, des moins
compliqués.

Quelques jeunes filles, une fois leur apprentissage terminé, restent à l'Atelier-École comme
ouvrières payées, ce qui leur permet de se per-
fectionner encore.

Les élèves sont toujours assurées de trouver
des places ou du travail à leur sortie de l'œuvre
et l'asile se garnit à nouveau avec rapidité.

Ayant débuté avec trente enfants, il en a aujourd'hui cinquante-cinq, dont sept sont à la fois des ouvrières payées et de jeunes monitrices.

Beaucoup de dames patronnesses et d'amies de l'œuvre y font exécuter leurs travaux de couture et de lingerie : travaux soignés, « fignolés », ainsi que me le disait une ancienne élève, et qui, n'ayant pas de tant pour cent à payer aux entrepreneurs de travaux, peuvent être mieux payés à l'ouvrière, tout en ne majorant pas les prix aux acheteuses.

L'Atelier-École s'étant développé d'année en année, ses dépenses qui, un an après la fondation — en 1879 — s'élevaient à 16,801 fr., atteignaient, dix ans après, la somme de 25,732 fr. et, en 1895, 30,317 fr. Comme les frais généraux de l'œuvre avaient peu varié, l'accroissement des dépenses tenait surtout à l'augmentation des commandes exécutées par les apprenties; il était donc entièrement compensé par un accroissement au moins égal des recettes[1].

Dix ans après la fondation, l'atelier coûtait

---

[1] Dont une vente annuelle produit le complément.

8,267 fr. et en rapportait 8,312. Ses dépenses propres montaient en 1890 à 9,705 fr.; en 1892 à 12,546 fr., en 1895 à 11,588. Ses recettes à 10,108 fr. en 1890, à 12,881 fr. en 1892, à 11,588 fr. en 1895. Et, depuis, le chiffre n'a varié qu'à peu de chose près.

Les jeunes filles sortant de l'atelier-école de Mme Suchard de Pressensé ont une très bonne tenue, et sont d'excellentes ouvrières, et d'excellentes femmes de chambre. Comme cuisinières, elles ont de bonnes notions générales, mais ne peuvent pas être présentées, bien entendu, comme cordons bleus de premier choix.

Quant aux ouvrières, elles se placent facilement dans des maisons de blanc et de couture; quelques-unes restent dans leur famille, travaillant pour les entrepreneuses, c'est le petit nombre.

Les dames patronnesses mettent un soin tout particulier à choisir, pour leur école, des jeunes filles appartenant à des familles honorables. Aussi, les élèves sont-elles très recherchées.

L'École foraine

———

Lorsque, sur le chemin poudreux, passe la roulotte pittoresque, ou lorsque, dans les coulisses d'un champ de foire, arrêtée, elle a rejoint le village forain, nous sourions, amusés, aux marmots blonds qui nous regardent par ses petites fenêtres, ou qui se jouent, loqueteux, en compagnie de quelque chien crotté, d'un âne pelé ou d'un cheval étique, autour de cette maison ambulante qui leur sert de cité et de patrie.

Nous sourions, sans songer à la vie de ces pauvres petits, vie physiquement et moralement malsaine, — qui leur met parfois autant de larmes sous la paupière qu'ils ont de paillettes sur leurs oripaux, — qui laisse en friche et prête à recevoir toutes les ivraies leur petite âme rétive, se méfiant d'un joug quelconque.

N'ont-ils pas, pourtant, les malheureux enfants, plus que tous les autres, besoin de culture, eux qui vivent dans un milieu de perdition par excellence, où l'alcoolisme sévit, où les amusements les plus sauvages prédisposent à toutes les folies, à tous les crimes.

C'est ce qu'a compris généreusement Mademoiselle Bonnefois, laquelle, aidée quelque peu par l'abbé Garnier, fonda, en 1892, à Paris, l'*Ecole foraine*.

Fille de forains, foraine elle-même, la vaillante fondatrice put voir de près les lamentables effets du vagabondage chez ces pauvres enfants dont les parents veillent la nuit et dorment le jour, et qui, livrés à eux-mêmes, se préparent à devenir du gibier de maison de correction, ou de bagne. Nomades, à Paris peut-être plus qu'ailleurs, puisque tous les huit ou quinze jours ils y changent de quartier, ou de village banlieusard, ils ne peuvent fréquenter les écoles communales, restant, malgré l'article 7 de la loi sur l'instruction obligatoire, des ignorants, devenant paresseux.

En 1869, en possession de l'héritage de ses parents, Mlle Bonnefois vivait de ses modestes rentes. Lorsqu'éclata la guerre, elle se fit ambulancière et soigna les blessés jusque sur le champ de bataille, où elle se fit remarquer, tant par son courage que par son dévouement. A cette époque, elle perdait, dans un krach financier, tout son petit avoir et se voyait obligée de reprendre le métier de ses parents, louant un panorama qu'elle promena dans les foires de Paris et des environs. Grâce à son économie, à son travail, elle arriva à acheter, plus tard, un diorama assez grand, où elle commença à réunir les enfants de ses collègues pour leur faire la classe, l'après-midi, et les soustraire au vagabondage.

Bientôt la place manqua dans cette école d'un nouveau genre, et aussi les tables, lorsqu'elle voulut apprendre à écrire à ses élèves, après leur avoir appris à lire. Alors, la brave fille s'en alla quêter, de droite et de gauche, pour ses chers petits, et arriva à fonder l'*Œuvre de l'Instruction foraine*, association de personnes charitables se chargeant de faire élever à leurs frais des enfants de forains sans ressources.

Cet humble patronage réussit à établir définitivement l'école foraine, se montant et se démontant pour suivre ses élèves dans leurs continuels déplacements et portant, sur ses cloisons mobiles, l'inscription suivante :

« Ici l'on apprend à aimer Dieu, la Famille et la Patrie ! »

La première année, elle compta vingt élèves ; en 1895, elle en avait 110 : 61 garçons, 49 fillettes, qui donnèrent 5823 journées de présence.

Dès cette époque, il fallut dédoubler les classes, puis bientôt y ajouter une école maternelle, où sont acceptés les bébés dès qu'ils savent marcher et qu'ils sont « propres ».

Aujourd'hui, les enfants ont dépassé le nombre de deux cents, et leurs maîtresses en ont pu présenter plusieurs au certificat d'études primaires.

Non contente d'exercer son influence sur ses élèves, Mlle Bonnefois, gagnant par eux le cœur des parents, est arrivée à exercer parmi ceux-ci un véritable apostolat, devenant la pacificatrice de toutes les querelles, le juge de paix par excellence, le conseiller le plus écouté.

A la classe ordinaire, elle a joint un cours de

couture et un cours de catéchisme, fait par
les vicaires des paroisses environnantes et,
chaque année, au jour de la première commu-
nion, un banquet fraternel réunit, à l'école foraine, tous les ambulants dont les enfants ont
communié.

Mais Mlle Bonnefois n'est pas satisfaite encore... Elle a de grands projets et ne sera heureuse que si elle arrive à les réaliser: déjà
son âge et les infirmités lui font craindre de
partir avant d'avoir parfait son œuvre, par la
création d'une école professionnelle où l'on
apprendrait aux jeunes filles comme aux jeunes
garçons, des métiers divers.

Espérons que cette consolation lui sera donnée ; car, déjà, elle a l'approbation des parents
qui feront certains sacrifices nécessaires pour
lui faciliter la tâche rêvée ; et celle de nos édiles
qui, certainement, voteront une subvention
municipale, quand le plan sera définitivement
trouvé et adopté.

En 1895, la *Société d'encouragement au
Bien* a décerné une médaille d'honneur à
Mlle Bonnefois et une prime en argent qu'elle
se dépêcha de verser dans la caisse, trop peu
alimentée, de son œuvre.

Depuis, les villes de Rouen, Nancy, Orléans,
Angers et Lyon établirent des œuvres similaires
et, en 1896, un philanthrope américain traver-
sait l'Atlantique pour venir étudier, avec soin,
le fonctionnement de l'*Œuvre foraine*, qu'il
voulait introduire dans son pays.

Un officier de paix me contait, il y a peu
de temps, que les rixes entre forains avaient
diminué depuis la salutaire action de Mlle Bonnefois, laquelle, non contente d'instruire les
enfants, catéchise les parents et fait tout son
possible pour les guérir de l'alcoolisme.

Rien de plus touchant que de la voir faire
sa classe, de constater l'état de propreté de ces
enfants, naguère si mal tenus, si délaissés, aujourd'hui semblables à tous les autres enfants
des écoles communales. Dès huit heures du
matin, ils arrivent gaiement, munis de leur
carton ou de leur panier, et la plus grande
punition, pour la plupart d'entre eux, c'est la
privation d'aller en classe.

Quant aux forains, ils sont, tous, très fiers de
leur école et fiers de sa fondatrice, sortie de
leurs rangs, de leur famille.

Gibier de bagne et de potence

Avant de dire un mot de ce qui se fait à Paris pour le redressement et le sauvetage des enfants, jetons un regard sur cette flore vénéneuse des grandes villes qu'est l'enfance vagabonde et mendiante.

Un de nos derniers comptes rendus judiciaires nous apprend, qu'en l'espace de dix années, 64,000 mineurs furent prévenus de crimes et de délits en France. Et, de ce chiffre fabuleux, Paris, à lui seul, peut revendiquer le tiers. Les cas les plus graves, les plus sauvages n'ont jamais été aussi fréquents et des assassins à peine adolescents semblant déments et irresponsables, par l'énormité de leurs actes, se ruent au meurtre sans choisir leur victime, parfois pour une somme de quelques francs, parfois pour un colifichet ou un bibelot quelconque.

Devant cette marée montante du crime, nous restons muets de stupeur et nous ne nous disons pas assez que, dans cette course vers l'abîme, dans ce retour à la bestialité primitive, nous jouons un rôle plus grave que nous ne pensons.

Souvent, dans la rue, vous êtes accostés par des enfants qui implorent d'un ton dolent votre charité. Hâves sous leurs haillons, tantôt avec des yeux épeurés de chien battu, tantôt avec un regard d'impudente effronterie, ils s'imposent à votre attention, geignent, insistent, soit pour obtenir votre aumône, soit pour vous faire acheter l'unique article de mercerie ou de papeterie qui ne les charge guère. Et, neuf fois sur dix, apitoyés, surtout si l'hiver souffle en froid, ou si la pluie ruisselle au long des tristes loques du petit, vous sortez votre porte-monnaie...

Et vous avez parfaitement tort. Vous péchez contre la société, car vous favorisez l'extension d'un mal infectieux. Vous péchez contre cet en-

fant, vous contribuez au progrès de sa déchéance et peut-être à l'accomplissement sans retour d'un destin de mensonge, de fainéantise et
de crime.

Si vous savez regarder au delà des apparen-
ces, vous verrez que votre devoir auprès du petit misérable est moins mesquin, et votre pitié
portera d'autres fruits.

Ces enfants qui mendient, qui malgré la loi
sur l'instruction obligatoire, ne fréquentent jamais l'école (il y en a dans toutes les capitales
de l'Europe), sont, lorsqu'ils ne travaillent pas
pour leur propre compte, exploités par leurs
parents ou par des *loueurs* qui paient une rede-
vance mensuelle ou hebdomadaire aux auteurs
du petit vagabond.

Dans notre grand Paris, c'est par milliers
que se chiffrent les malheureux enfants ainsi
exploités. Un vieillard, dont l'existence côtoie
les bas-fonds de la capitale, me renseigna un
jour sur les taux de louage qui ont cours dans
son quartier, et sur certaines conditions coutu-
mières des locations infantiles.

Cette industrie bat son plein en décembre et
en janvier. Dans les nuits de Noël et du
Nouvel-an, le nouveau-né, surtout s'il est

d'apparence chétive, se loue de 25 à 30 francs
par nuit; l'enfant de un à cinq ans ne vaut, aux
mêmes dates, que 10 francs; au-dessus de cet
âge, il n'est plus coté qu'à cent sous, — à
moins d'être infirme. Aux jours ordinaires, le
même bébé au maillot qui se maintient de 10 à
15 francs durant la semaine des fêtes hiverna-
les, retombe à 5 francs; l'enfant au-dessous de
5 ans se replace à 40 sous pour aller jusqu'à
3 francs aux jours de froidure, et celui au-dessus
de cet âge ne fait plus que 20 sous, — à moins
que, roublard et bien stylé, il ne soit d'un rapport excellent : en ce dernier cas, les parents
préfèrent l'exploiter eux-mêmes, si toutefois
ils ne sont occupés ailleurs à quelque autre lou-
che besogne.

Généralement, quand la location commence
à 6 heures (pour la sortie des bureaux et ateliers), le loueur doit le dîner à l'enfant; d'aucuns stipulent la chose par écrit, et j'ai pu
de mes yeux contempler deux contrats de ce
genre.

Une première partie de ces petits mendiants
agit, pour ainsi dire, par atavisme. Née dans
un milieu de paresse et de maraude, où le peu
de sens moral qui existait encore va se neu-

tralisant chaque jour sous les effets de l'alcoolisme, elle fleurit dans le vice, et bientôt dépasse en laideur morale ceux qui lui donnèrent
le jour.

Une autre partie se compose d'enfants demi-
orphelins et de pauvres parias, rejetons de
filles-mères, qui, durant que leur malheureuse
maman ou leur père, veuf, gagne péniblement
le pain quotidien, fait l'école buissonnière.

Bientôt, cette dernière catégorie fusionne avec
l'autre, et, lorsque la mendicité ne lui donne
pas de quoi satisfaire ses envies, elle s'ache-
mine vers le vol. Un tel, qui commença par
voler du sucre d'orge et des toupies, a fini sur
l'échafaud, après avoir assassiné une vieille
femme qu'il venait de dévaliser.

Un spectacle qui m'a souvent navrée, tant
au Bois-de-Boulogne, aux Champs-Elysées de
Paris, qu'à Hyde-Park de Londres, c'est celui
des regards anxieux, quémandeurs, pleins d'un
désir surhumain, de petits loqueteux contem-
plant les enfants riches en train de goûter. Ils
suivent des yeux, la bouche humide de salive,
les gâteaux qui alternent avec les oranges, les
sirops aux couleurs joyeuses qui voisinent avec
les limonades pétillantes, restant là, jusqu'à la

dernière bouchée avalée, guettant, tels les moineaux picoreurs, les miettes dédaignées par de plus fortunés qu'eux.

Et je songeais que cette exhibition de l'enfant riche se sustentant, et plus souvent se gavant, devant le petit meurt-de-faim, est, elle aussi, un crime.

Si, comme d'ailleurs les lois de l'hygiène l'indiquent, le bébé huppé n'était gratifié à l'heure du goûter que de pain et de lait, le prurit du petit vagabond n'atteindrait pas l'intensité qu'il va atteindre, ne ferait pas germer en lui le désir de dévaliser la marchande qui vend tant de choses extraordinaires, auxquelles il ne goûta jamais.

Mais revenons à nos moutons.

Une incursion dans le monde lilliputien où l'on mendie, vous révèle les choses les plus étranges. J'y ai, pour ma part, après de tristes expériences, perdu toute confiance en la franchise de l'enfant, même de l'enfant interrogé d'une façon amicale, maternelle, qui *sent* qu'on lui veut du bien, qu'on l'aime. Tel regard de petit vagabond, qui vous semble candide, dissimule une rouerie précoce; et vous ne devineriez pas, sur le témoignage d'une physionomie naïve,

l'âpre joie de professionnel du jeu qui fait pal-
piter cette petite poitrine étroite vers les alter-
natives du hasard.

J'ai noté sur mes tablettes d'inspectrice
toute une série de confidences sincères, du
moins en partie, alors que l'interviewé arrive,
par vanité de métier, à étaler les ressources de
son art.

En voici deux échantillons typiques, que je
ne me lasse pas de conter :

« Les bourgeoises, me disait un garçonnet de
10 ans, *aboulent* plus vite que les bourgeois ;
mais, les bourgeois, ils donnent davantage,
surtout quand ils sont avec des autres, parce
que ça leur fait *pus d'orgueil* de donner... Et
puis, faut pleurer, n'y a pas. On a toujours,
quand on sait bien pleurer. Nénesse, lui (il
s'agissait de son jeune frère), il *chiale* comme
il veut, moi pas, il me faut de l'oignon. Dans
les *poubelles* [1] ça se trouve toujours le matin ».

Et tandis que le malheureux petit me contait cela, son regard bleu reflétait tout un pan
du firmament et sa petite voix, révélant ses

---

[1] Boîtes à ordures ménagères imposées par le préfet de
la Seine, M. Poubelle, — d'où leur nom.

trucs, était flûtée, douce, caressante. Hélas! il était voleur à la tire et fut arrêté comme tel. Les parents ne le réclamèrent pas, car l'argent qu'il se procurait en mendiant, ou autrement, il le gardait pour lui — et il fut condamné à la correction, qu'il ne fit pas, vu qu'il mourut de tuberculose à l'hôpital.

L'autre cas est celui d'une malheureuse fillette, menacée de la même mort que le précédent. Bouquetière, elle vendait, le soir, des fleurs volées dans les cimetières ou dans les jardins banlieusards, quand elles n'étaient pas tout bonnement ramassées sur les tas d'ordures des Halles et rafraîchies à la fontaine la plus proche. Cette petite Joséphine empruntait dans la tabatière de l'*associé* de sa maman (seconde femme et veuve de son père, qui disait la garder par charité) du tabac en poudre qu'elle suçait pour arriver à tousser; si bien qu'elle toussa pour de bon et que l'excellent docteur de qui je tiens cette histoire, et qui analysa les crachats de l'enfant, fut stupéfait de les trouver teints en jaune et soupoudrés de tabac. Il confessa la petite malheureuse qui conta que son amie Louisette, laquelle était *étisique*, lui avait dit que, lorsqu'elle toussait beaucoup, ses recettes dépassaient les 40 sous qu'elle devait le soir rapporter chez elle, et qu'en ce cas, elle se payait du bon chocolat chaud à la crémerie, et des gâteaux. Alors elle se força à tousser aussi, mais cela n'allait pas bien, on se moquait d'elle. Or, un soir que l'associé de sa mère était ivre, il lui fourra plein le nez de tabac; il lui en tomba dans la gorge et, toute la soirée, elle ne put s'arrêter de tousser. Elle tenait son succès, et put, dès lors, se gaver de gâteaux et de chocolat jusqu'à ce que la bronchite la clouât au lit, tandis que Louisette s'en allait mourir à Trousseau.

Verser des aumônes entre les mains de ces malheureux êtres exploités, c'est tout bonnement alimenter la caisse de la paresse, de la débauche et du crime. Une pitié sincère envers l'enfance dévoyée doit se réaliser autrement.

D'abord il faut les interroger tous, même ceux qui ne s'adressent pas à vous, ceux que vous voyez se promener avec, devant eux, une petite boîte remplie de marchandises: mercerie, tire-bouchons, papier à lettre.

— Pourquoi n'es-tu pas à l'école?
— Où demeures-tu?
Plus d'une fois ils se sauveront alors à toute

vitesse ; aussi est-il plus prudent de prendre, dès avant l'interrogatoire, la main de l'enfant jusqu'à ce qu'on ait obtenu de lui sa véritable adresse. Comme l'un des plus fréquents prétextes de manquer l'école se trouve être le manque de chaussures, si l'on peut, on se met en route pour aller vérifier sur place les assertions de l'enfant.

Si l'adresse donnée est fausse, chemin faisant, le vagabond novice se troublera de suite, se mettra à pleurer, avouant la véritable adresse. Quant à l'autre, il feindra de vous suivre, marchant docilement à vos côtés jusqu'au premier carrefour où il pourra se sauver sans crainte, à moins que, sautant prestement sur un omnibus lancé à toute vitesse, il ne vous salue d'un pied de nez pour vous marquer son contentement d'être débarrassé de vous, — chose qui m'est arrivée un jour.

En tout cas, il ne faut pas donner d'argent. Si l'enfant paraît affamé ou refroidi, conduisez-le se chauffer ou se sustenter dans la crémerie ou le restaurant le plus proche, et tâchez ensuite de capter sa confiance, pour qu'il vous révèle sa vie de misère sans rien celer. Si ensuite vous pouvez tirer ce petit vagabond de sa fange, lui faire fréquenter l'école, veiller à ce qu'on le mette en apprentissage, vous aurez fait œuvre de solidarité, tandis qu'en lui donnant de l'argent, vous concourez à sa perte.

A Paris, nous avons quelques œuvres excellentes, auxquelles nous pouvons en toute sécurité recommander les enfants mendiants.

La *Société contre la mendicité des enfants*, dont le siège est 41, rue Gay-Lussac, donne à chacun des enfants qui lui est recommandé un visiteur spécial, qui se met en relations avec le maître d'école de son protégé, et sait ainsi exactement le nombre de ses absences en classe. Ce même visiteur, si la famille est pauvre et qu'on puisse la relever, la fait secourir, la recommande aux œuvres d'assistance officielles et privées.

Le Sauvetage de l'Enfance, fondé par Mmes de Barreau et Pauline Kergomard, se charge des enfants maltraités par leurs parents.

La Ligue fraternelle des enfants de France agit dans le même sens que la Société contre la mendicité; elle distribue, en outre, beaucoup de vêtements, et a institué des soupes populaires durant l'hiver.

Cette esquisse sur l'enfance vagabonde ne saurait omettre de rappeler les œuvres de relèvement pour l'enfance dont les efforts ont été révélés à l'Exposition du Petit-Palais[1], œuvres qui, heureusement, montrent de plus en plus une ferme volonté d'arracher l'enfant à la maison de correction, d'où il sort gangréné à jamais.

La Justice, se faisant maternelle à son tour, car elle subit aussi, comme tous nous la subissons, cette poussée de sève dont l'odeur flotte en l'air, annonçant un avenir de solidarité qui s'élèvera triomphant sur les ruines du vieux monde, la Justice, à son tour, lance des circulaires, par le ministère du garde des sceaux, aux procureurs généraux, comme celle dont nous tirons les extraits suivants :

« Les poursuites dirigées contre les mineurs de 16 ans pour faits délictueux sont particulièrement graves et délicates ; elles engagent presque sans retour l'avenir de ces enfants, et, par là, touchent aux plus grands intérêts de la société.

« Il appartient encore et surtout aux instruc-

---

[1] Voyez, p. 83, l'*Exposition de l'enfance*.

teurs de faire la pleine lumière sur ces jeunes
existences traversées par un premier accident,
et d'en donner aux tribunaux appelés à décider
de leur sort un complet aspect moral.

« Dans quel milieu l'enfant a-t-il vécu? Quels
enseignements, quels exemples, quelles garanties de protection morale trouvera-t-il dans sa
famille et son entourage ?

« Ces questions priment tout. Il importe
beaucoup moins de châtier l'erreur d'un enfant
que d'assurer, pendant qu'il en est temps encore, le redressement d'une conscience inache-
vée, encore en voie de croissance et de formation, et d'autant plus susceptible de correction
et d'amendement.

« La répression des délits des enfants mineurs de 16 ans est nécessaire, assurément ;
mais l'intérêt social commande aussi impérieu-
sement d'assurer leur sauvegarde morale.

« Vos substituts, en s'inspirant de l'intérêt de
l'enfant ne doivent pas hésiter à suggérer au
magistrat instructeur les mesures provisoires
dont il a la disposition. C'est l'œuvre de la première heure. Il faudra penser ensuite à la déci-
sion définitive qui devra être demandée au tribunal en vue d'enlever la puissance paternelle

aux parents indignes, et d'organiser enfin la protection, la tutelle de l'enfant.

« Dans son enquête, le juge d'instruction devra minutieusement préparer cette solution lorsque les circonstances de la cause la rendent nécessaire, et réunir, pour faciliter l'œuvre du tribunal, tous les éléments d'information permettant aux juges de mieux apprécier des mesures commandées par l'intérêt de l'enfant et de la société.

« Les comités de défense des enfants traduits en justice s'emploient avec le zèle le plus louable à la recherche des solutions pratiques que comportent les questions de cet ordre.

« Je verrais avec plaisir les juges d'instruction prendre part aux généreux travaux de ces associations et la magistrature rivaliser de dévouement avec le barreau pour assurer l'instruction, l'éducation et le relèvement de jeunes déshérités qui tombent sur le seuil de la vie par privation de tout appui moral. »

J'appelle principalement l'attention de nos lecteurs sur ce dernier paragraphe qui est excessivement suggestif, et qui, lui aussi, marque un signe des temps.

Dame Thémis avait, jusqu'ici, plutôt une fâcheuse tendance à se croire infaillible et ne tirait ses lumières que de son propre sein, tel le ver luisant qui dédaigne tout autre luminaire que le sien, narguant les étoiles et la lune elle-même.

Et la voici qui, faisant patte de velours, a l'air de vouloir changer ses *attendu que* contre des *il se pourrait que*, des *nous pourrions peut-être*, et qui s'incline, amicalement, devant les travaux des comités de défense pour les enfants traduits en justice.

Pour les Hirondelles d'hiver

Voici que déjà elles pérégrinent, nos tristes *hirondelles d'hiver* [1], à la face noire, aux dents blanches, à la chair marbrée par les premiers froids d'automne, aux pauvres pieds gourds de fatigue, traînant des chaussures trop grandes et trouées.

Tandis que l'oiseau de bonheur s'en va vers le sud, vers le soleil, l'oiseau du malheur monte vers le nord, vers les brumes.

Les petits Savoyards au-dessous de 13 ans

---

[1] On sait que les hirondelles d'hiver sont les petits ramoneurs et cireurs de bottes italiens ou savoyards, qui font leur apparition dès les premiers froids dans les grandes villes.

commencent, depuis l'article 7 de la loi sur
l'instruction obligatoire, à s'éliminer du troupeau automnal qui, chaque année, sillonne nos
grand'routes à cette époque; mais le pauvre
petit exploité italien, loué par un *barnum*, véritable trafiquant de chair humaine, nous arrive
toujours avec la même assiduité, le même air
de chien battu.

Depuis l'invention du *Schouberski* et des produits similaires, il n'entre plus dans les cheminées comme autrefois, alors que la bûche flam-
bait dans l'âtre et que celui-ci, vaste et haut,
devait par le petit bonhomme être *râclé* à fond.
S'il décrotte encore les chaussures à Marseille,
— où il pullule, courant partout, pieds nus et
loqueteux, avec sa boîte sur le dos, — à Paris
et à Lyon il a passé à d'autres exercices... hélas, moins salutaires, et l'on reste stupéfié qu'à
notre époque, qui vit fleurir la *Société protectrice des Animaux*, on ait vu éclore il y a
quelques jours seulement, un comité de patronage en faveur de ces petits martyrs, — car martyrs il y a, — en esclavage depuis des siècles.

Avant de parler de ce comité, disons l'exploitation à laquelle ils sont en proie.

Les *padroni* qui louent ces petits esclaves

vont, chaque année, faire leur tournée dans les
provinces les plus pauvres de l'Italie et, moyennant la somme de 20, 30 ou 40 francs *par an*,
selon l'âge et la force, ils louent, pour en faire
ce que bon leur semblera, à des parents miséreux, le trop plein de leur progéniture.

Le patron riche, ayant réuni son troupeau
d'enfants, part avec lui en chemin de fer; mais
le patron pauvre l'emmène pédestrement, et
c'est pitié à vous tirer des larmes, que de voir
cheminer ce misérable petit bétail humain, ha-
rassé, hébêté, vous regardant avec des yeux de
malaria... et comme de douloureux reproches!

Combien de ceux-là ne reviendront jamais!
Et, s'ils reviennent, ce sera pour aller mourir
au pays natal, d'épuisement ou de tuberculose,
alors que trop faibles ils ne seront plus exploi-
tables.

Les *padroni* de la capitale parquent dans
d'immondes galetas, dans des taudis étroits et
nauséabonds, jusqu'à 15 enfants dans une seule
chambre, les couchent dans des lits primitifs
composés de 4 planches ajustées et d'une pail-
lasse, la plupart du temps sans draps ni couvertures.

Les petits malheureux sont, souvent, à quatre

ou six dans le même lit, trois à la tête, trois au
pied... en été, suffoquants et rongés de vermine;
en hiver, grelottants sous leurs haillons (la plupart du temps ils dorment habillés).

Comme nourriture, l'immonde exploiteur leur
donne généralement une soupe, — et quelle
soupe! — le matin, un morceau de pain à midi,
et une assiettée de polenta ou de riz, le soir.

Quelques-uns de ces pauvrets sont chargés
par leurs patrons de vendre des statuettes en
plâtre, d'autres de mendier... d'autres encore de
se prêter à d'innommables et louches pratiques..
mais, le plus grand nombre, aujourd'hui, est,
par eux, envoyé dans les verreries.

Les verreries des bassins de la Loire et du
Rhône: Givors, Rive-de-Giers, Saint-Etienne,
Oullins, la Mulatière, emploient à l'heure actuelle 1700 petits Italiens. Et M. Mouthon nous
apprenait dernièrement le fait suivant:

« Les verreries de la Seine: Saint-Denis, le
Bas-Meudon, Choisy-le-Roi et Pantin, comp-
tent généralement dans leur personnel 250
enfants italiens: — je dis généralement parce
que leur nombre est soumis aux fluctuations
de la mort, et qu'il n'y a pas toujours assez
de candidats pour remplacer les cadavres. »

Voir sortir, au soir tombant, de l'une de ces usines, les malheureux êtres qui vont là, journellement, donner 10 et 11 heures de travail, afin de gagner 1 fr. 50 ou 2 francs à un *barnum* qui ne les nourrit pas suffisamment pour lutter contre la fournaise dans laquelle ils vivent toute la journée, c'est comprendre qu'ils sont voués à la mort.

Et dire que, jusqu'ici, personne n'a songé à arracher aux bourreaux leur proie, malgré les fréquents appels de la presse, malgré l'énergique plaidoyer d'Amilcare Cipriani.

— Nous n'avons pas de droits, en France, sur ces enfants italiens, disaient les uns !

— C'est affaire au Consulat d'Italie, clamaient les autres !

Et des années s'ajoutèrent aux années, et des monceaux de petits cercueils montaient toujours !

Enfin, voici une société qui s'est formée, sur l'initiative de M. le prince de Cassano, où Français et Italiens vont lutter avec une égale activité contre les exploiteurs d'enfants, les faire surveiller par tous les moyens possibles.

Dans le comité de cette société, nous relevons les noms de MM. Alvarez, Bruno-Dubrou, Paul

Govaro, avocats à la Cour d'appel; — Grosseteste-Thierry, ancien président de la Société
pour l'étude des questions d'assistance ; —
Dʳ Guelpa ; — comte Martin de Montu-Becca-
ria, secrétaire de la Société de bienfaisance
italienne; — Muteau, député; — Raqueni, pu-
bliciste ; — Rollet, avocat à la Cour d'appel ;
— Alexandre Rubini, secrétaire de la Chambre
de commerce italienne ; — Paul Strauss, sénateur.

Dès la première assemblée, la Société a dé-
cidé d'adresser aux gouvernements français et
italien la pétition suivante, qui se couvre déjà
de centaines de signatures :

« Considérant que le principal obstacle à
arrêter la traite des petits Italiens enlevés à
leurs familles sous prétexte d'apprentissage
ou d'éducation professionnelle, mais en réalité
soumis au travail le plus dur et à l'exercice
de métiers immoraux ou dégradants, réside
dans les contrats passés entre les entrepreneurs et les familles ;

« Considérant que ces contrats ne contien-
nent aucune des clauses exigées par la loi
française du 22 février 1851 sur les contrats
d'apprentissage, et qu'en fait ils constituent

très souvent une violation de l'article 3 de la
loi du 19 avril 1898 sur la protection des
enfants ;

« Considérant que lesdits contrats sont obtenus à l'aide de manœuvres frauduleuses ,et de
promesses fallacieuses ;

« S'adressent respectueusement aux gouvernements français et italien pour que ces contrats soient déclarés nuls au moyen d'une
convention internationale fixant la procédure
à suivre pour obtenir la déclaration de nullité
et indiquant les personnes autorisées à la demander. »

C'est commencer à saper le mal à sa racine,
et un grand pas sera fait si l'on obtient l'abolition de ces contrats. Mais... l'obtiendra-t-on ? Et
quand ?

Ce qu'il faudrait obtenir aussi, c'est que ces
centaines d'enfants italiens qui encombrent les
rues de Marseille, de Lyon, de Paris: décrot-
teurs, vendeurs de statuettes en plâtre ou en
ivoire, joueurs d'accordéon ou d'ocarina, soient
soumis, dans ces pays où ils émigrent, comme
dans le leur, à l'instruction obligatoire.

Et ce qu'il faudrait encore, c'est que des comités de dames patronnesses se forment, dès à

présent, lesquelles iraient visiter, bénévolement, les tannières horribles où grouille et ago-
nise à petit feu cette chair de douleur, tres-
saillant sous la férule des *padroni*, vils tour-
menteurs, dont la cruauté frise la folie, dont le
fouet, à lanières de cuir garnies de clous,
s'abat sur les victimes, coupables seulement de
s'être plaintes, de n'avoir pas assez travaillé,—
ou de n'avoir pas vendu le nombre obligatoire
de statuettes imposé par le maître.

Que les mères s'unissent partout pour prê-
cher le sauvetage des tristes hirondelles d'hiver, qui attendront peut-être, des années encore, qu'une nouvelle loi fonctionne en leur
faveur.

La Guirlande

La « Guirlande » n'est pas un titre fantaisiste. La Guirlande est le nom d'une œuvre parisienne, née du cœur d'une femme de bien, Mme Alphen-Salvador, créatrice de l'école d'assistance aux malades, dont nous parlerons plus tard.

Pourquoi la nomme-t-on « la Guirlande », cette œuvre ? Parce qu'elle se compose de fleurs, — attendu que chaque jeune fille, en y entrant, troque son nom contre celui d'une fleur.

Il y a Marguerite et Muguet, Pâquerette et Liseron, et, à chaque fête, ces jeunes filles arrivent ornées des fleurs dont elles portent le nom, formant ainsi la plus poétique des guirlandes.

Le thé de la Guirlande.

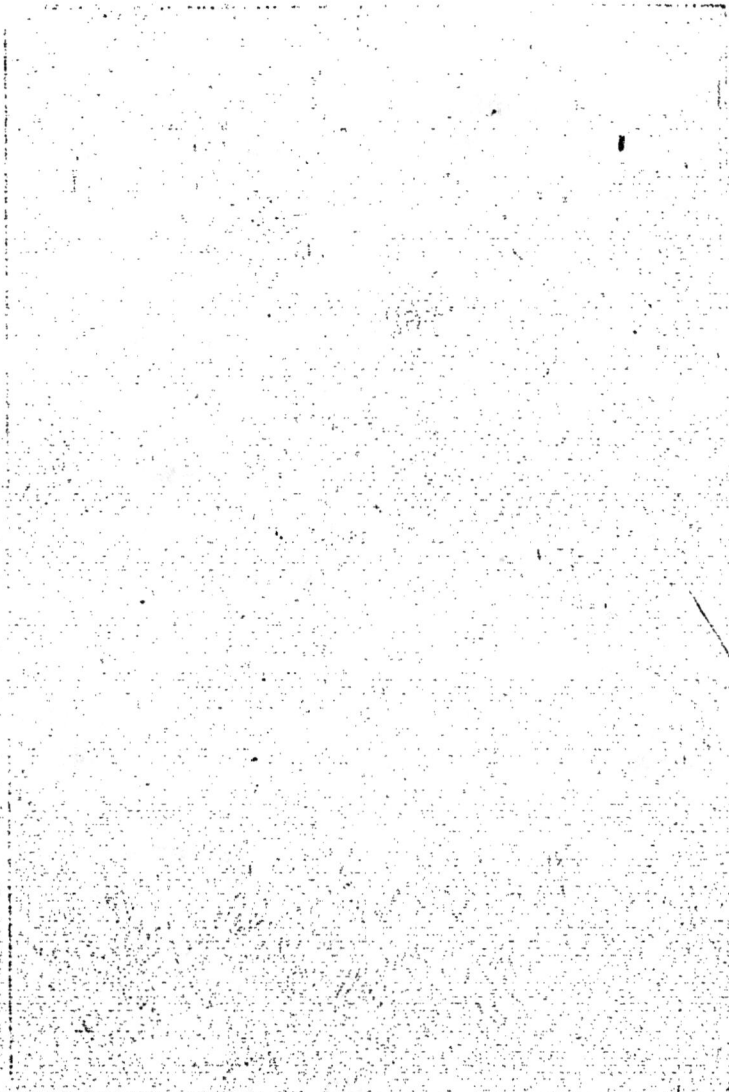

Quel fut le but des fondateurs, Mme Alphen-Salvador et M. le pasteur Wagner, lorsqu'ils songèrent à former les réunions hebdomadaires de cette petite assemblée printanière? Sauvegarder ces enfants des frivolités et des dangers de la grande ville et leur apprendre à pratiquer la vraie solidarité, tout en les intéressant à l'art en leur octroyant des distractions salutaires.

Grâce aux douze premières monitrices de l'école du dimanche de la rue des Arquebusiers, le groupement fut vite et bien réalisé, et le thé du lundi très fréquenté, dès sa création. Il réunit aujourd'hui trente-sept adhérentes et l'on préfère ne pas en augmenter le nombre, de crainte de rompre la douce intimité qui unit les membres fondateurs.

Autour de ce thé modeste, les réunions passées en petits jeux, alternés de chants et de bonnes lectures, — d'amicales causeries, — s'écoulent bien vite et sont empreintes d'une telle cordialité, qu'on pourrait dire de la « Guirlande » qu'elle est une réalisation heureuse, en un monde minuscule, de la fusion des classes.

Il y a, autour de cette table, des filles de né-

gociants et de petites *cousettes,* des institutrices
et des sténographes, des modistes et des passe-
mentières, qui restent les amies de la maison
jusqu'à leur mariage, jour auquel se termine
leur rôle de fleur, à l'heure où on leur offre le
cadeau de noces de l'œuvre : la boîte de douze
cuillers en argent. Un autre souvenir leur échoit
encore, plus tard: la layette de leur premier
bébé.

Oui, leur rôle de fleur se termine, alors, mais
non leur amitié pour les compagnes de la Guirlande, car ces jeunes filles restent unies entre
elles et ne donnent que des joies à leur amie et
protectrice, Mme Alphen-Salvador et à leur
grand-maître ès-sentiments affectueux et généreux, M. le pasteur Wagner. — A ceux qui
connaissent ce dernier, point n'est besoin de dire
l'empire qu'il possède sur la jeunesse. De son
cœur, qui fut paternel toujours, et qu'affina
encore une douleur profonde, il sait tirer des
« Sésame, ouvre-toi » pour les âmes les plus
fermées.

Une telle jeunesse de sentiments est en lui,
une telle affirmation de vérité, de croyance,
émane de sa personne, que, dès les premières
paroles, il a conquis son auditoire.

On voit quelle bonne fortune il y a pour les fleurs de la Guirlande d'appartenir à un groupement auquel, souvent, il porte la bonne parole.

Les fêtes elles-mêmes sont ouvertes par une allocution de M. Wagner et rien n'en pourra donner une idée plus exacte que le joli programme suivant, qui remonte à l'année dernière :

PROGRAMME DU 1er JUILLET 1902

—

Allocution de M. le Pasteur *Wagner*

Chœur de la Nuit . . . . . . MENDELSSOHN.
Par les fleurs de la Guirlande.

a) *Il est un Jardin d'Amour.* . . Gustave DORET.
b) *Petit jour du matin* . . . . — —
c) *Air de Bouvreuil* . . . . . Théodore DUBOIS.
Anémone.

a) *Hirondelle de Bouddha* . . . François COPPÉE.
b) *La Poupée* . . . . . . NORMAND.
Monologues par Chèvrefeuille.

a) *Romance sans paroles.* . . . HAROLLE.
b) *Cavatine* . . . . . . RAFF.
Par un virtuose en herbe.

Monologue . . . . . . X. X. X.
Par un arbrisseau ami.

Madame la Baronne sans façon. (Duo comique).
Par Myosotis et Mimosa.

Chœur des Sabéennes . . . . GOUNOD.
Par les fleurs de la Guirlande.

LES AMIS DE PROVINCE
Saynète
LEMERCIER DE NEUVILLE.

Personnages:

Rigoulard	HÉLIOTROPE.
Mme Rigoulard . .	CHÈVREFEUILLE.
Zoé Rigoulard. . .	ANÉMONE.
Pélican	MIMOSA.
Mme Pélican . . .	MYOSOTIS.
Sophie Pélican. . .	PRIMEVÈRE.

Vive Montmorency (Chœur) . . HESSE.
Par les fleurs de la Guirlande.

Outre ces réunions intimes de la rue des Arquebusiers, une grande fête champêtre réunit
chaque année les catéchumènes du même quartier. Elle a lieu vers la fin de juin et conduit
Mesdemoiselles les fleurs et leurs amies — une
troupe joyeuse d'environ deux cents enfants —

La Guirlande en excursion.

en quelque site pittoresque des environs de Paris.

Pour la somme modique de quatre francs par tête, il est donné à cette jeunesse : déjeûner, goûter, dîner et voyage à l'aller et au retour.

De cette joie-là, il en est question six mois avant et six mois après.

Il va sans dire que, pour celles dont la bourse ne supporterait pas cette dépense, il y a une fée protectrice dans la coulisse, celle qui fait face à tous les frais de l'œuvre qu'elle créa et qui ne demande, comme unique rétribution, qu'une somme hebdomadaire de cinq centimes par adhérente.

Pour rendre la fête plus attrayante et pour qu'elle ne pèse pas trop sur les modiques ressources d'aucunes, on vient d'instituer une cagnotte où les plus fortunées versent joyeusement une partie de leurs petites économies, que vont grossir les « amendes ». Car il y a des amendes, qui ont un but excellent : *rappeler la fraternité aux jeunes filles*. Ainsi, il est défendu de s'y appeler *mademoiselle,* on doit s'interpeller par son nom fleuri, ou par son prénom. Il va sans dire que, pour les recherches d'emploi, pour les protections de tous genres,

les adhérentes de la Guirlande trouvent aide et
conseil auprès de leurs bienfaiteurs susnommés
et de la dévouée secrétaire de l'œuvre, Mlle Rein-
hardt. C'est là une bonne chose que cette pe-
tite œuvre a de commun avec plus d'une autre
et qui ne frappe pas à première vue, comme
l'esprit absolument confraternel de ces jeunes
filles de milieux fort différents.

En ma carrière d'inspectrice, qui me mène un
peu partout, combien de fois ne m'est-il pas arrivé de remarquer avec tristesse le dédain très
visible de jeunes institutrices, par exemple,
pour de petites couturières, et, si pas le dédain,
au moins ce petit je ne sais quoi de supériorité
condescendante qui nous montre que la « de-
moiselle » éduquée se croit d'essence bien supérieure à la petite travailleuse des ateliers.

J'ai même reçu, naguère, d'une jeune ouvrière en robes que j'envoyai à un restaurant
créé spécialement pour celles qui travaillent
hors de chez elles, et dont les fondateurs ont un
esprit excellent, la confidence suivante, qu'elle
me fit en rougissant et les larmes aux yeux :

« Je ne suis plus retournée prendre mes repas là-bas, parce que ces demoiselles me dédai-
gnaient, je l'ai bien remarqué. Les places autour

de moi demeuraient plutôt vides. J'ai compris
que si j'avais un chapeau et des gants, un peu
plus d'élégance dans ma toilette, on ne me re-
garderait pas de travers. Après tout, peut-être
ont-elles raison, il vaut mieux rester chacun
chez soi quand on n'appartient pas au même
milieu. »

A la « Guirlande », rien de semblable, tout
le monde y marche noblement la main dans la
main, depuis cette jeune fille d'un éditeur bien
connu, qui vient de se marier, jusqu'à la modeste ouvrière, et Mme Alphen a réussi, en cette
œuvre sienne, à poser un pur jalon de la fusion
des classes. On ne saurait trop l'en féliciter et
je sens d'ici que mes lecteurs, habitués à penser
haut, sont, en cela, parfaitement d'accord avec
moi.

Chez les sourds-muets

———

Il est curieux de constater combien moins que les aveugles, les sourds-muets bénéficient et des libéralités des gouvernants et philanthropes et de l'intérêt du public. Même en Amérique, où les institutions pour sourds-muets prospèrent et progressent, conduisant aisément leurs élèves jusqu'à l'enseignement supérieur, le mouvement est moindre en leur faveur qu'il ne l'est en faveur des aveugles. Pourtant le nombre des sourds-muets, en bien des pays, dépasse le nombre des aveugles, et il serait urgent, si l'on veut éviter que les enfants atteints de surdi-mutité deviennent plus tard des non-valeurs, des charges pour la société, de

comprendre, enfin, que l'éducation du sourd-
muet doit commencer le plus tôt possible et
non à la dixième année, époque malheureusement choisie par bien des maisons d'éducation.

En France où naquit, grâce à l'abbé de
l'Epée, le beau mouvement en leur faveur, nous
avons une population d'environ 30,000 sourds-
muets, dont 4,000 sont à l'âge scolaire. Pour
instruire ces derniers, nous possédons 72 institutions, dont trois nationales: Paris, pour les
garçons, Bordeaux, pour les filles, Chambéry,
maison mixte. Paris et Bordeaux furent origi-
nairement des institutions mixtes. Ce n'est qu'il
y a peu d'années que tous les garçons de ces
deux écoles furent réunis à Paris, tandis que
toutes les filles furent casées à Bordeaux.

Paris seul, grâce à son dévoué directeur
actuel, possède une classe enfantine, où les petits garçons sont pris dès l'âge de six ans.

Avant la direction de M. Giraud, les sourds-
muets n'étaient admis qu'à l'âge de neuf ans.

Les élèves de la classe enfantine sont, en dehors des heures d'études, sous la surveillance
de nuit et de jour de surveillantes et de femmes
de service qui leur continuent des soins mater-

nels, tout en veillant à ce qu'aucun ne s'écarte en rien des bonnes habitudes auxquelles est attachée la réussite de la méthode orale.

Cette méthode, dont la supériorité est consacrée depuis le congrès de Milan de 1878, a donné, comme on le sait, des résultats surprenants. Ce n'est certes pas sans difficultés excessives, et rien n'est plus émotionnant à voir que son enseignement, pour lequel il faut des maîtres d'un dévouement à toute épreuve, ne faisant pas seulement leur travail avec une intelligence pleine d'intuition, une vigilance de tous les instants, mais donnant tout leur cœur à cette lutte corps à corps contre l'infirmité, se bataillant avec elle comme le médecin qui veut arracher son malade à la mort.

Ce maître-là, me disait un jour avec raison M. Désiré Giraud en parlant du professeur pour sourds-muets, n'est pas un instituteur, il est un *apôtre*.

Voici, d'ailleurs, ce qu'écrivait, à ce sujet, dans sa belle étude : *Comment on fait parler les sourds-muets*, feu M. Goguillot:

« C'est une laborieuse et perpétuelle conquête que l'exercice d'un art aussi hérissé de difficultés. Il y faut l'effort d'une incessante ba-

taille, la tension d'un esprit toujours en éveil,
le continu travail de la tête, une combinaison
journalière des procédés, pour n'obtenir parfois,
malgré tant d'efforts, que de médiocres résultats. Bien posséder le mécanisme de la parole,
avoir toujours présents à l'esprit les procédés
indiqués par les principaux auteurs, éviter les
tâtonnements infructueux qui découragent l'é-
lève, éveiller sans cesse l'attention de celui-ci,
aiguillonner son activité sans la lasser; surmonter les paresses et les malaises, les défail-
lances du corps et de l'esprit qui atteignent
toujours plus ou moins les plus vaillants; surmonter aussi l'inévitable appréhension que
procure, surtout aux maîtres débutants, la nécessité de se laisser toucher les diverses parties
du visage, et jusqu'à l'intérieur de la bouche,
par des mains plus ou moins soignées, de respirer des haleines fétides, de recevoir en pleine
figure des éclats de salive ; avoir toujours
l'oreille au guet pour surprendre un son, un
élément qui vient d'échapper de la bouche d'un
enfant et que celui-ci ne donnait pas bien
quand on l'y provoquait: telle est la tâche du
démutiseur, tâche dont les rudes obligations,
les fréquentes déceptions ne sont que petites

misères pour celui que soutient, qu'entraîne, que domine le désir d'aboutir. »

M. Désiré Giraud ne se contente pas de diriger les sourds-muets, il les aime, et ils sont devenus l'unique préoccupation de sa vie. Rien ne lui est indifférent de ce qui a trait à eux, et, constamment, il est à la recherche de tout ce qui peut leur servir, épiant chaque trouvaille, se mettant au courant de tout ce qui se fait à l'étranger dans cet ordre d'idées. En ce moment, il commence une série d'expériences du plus haut intérêt.

Les jeunes sourds-muets, souvent négligés dans leur famille pendant la première enfance et parfois maladifs en plus, montrent une mémoire plus généralement rebelle que les autres écoliers de leur âge, et, n'entendant pas les sons qu'ils émettent, ils ne parviennent plus à se les rappeler, même peu d'instants après les avoir obtenus.

Pour essayer de remédier à cet inconvénient, M. Désiré Giraud et le personnel enseignant de l'institution nationale de Paris sont d'avis qu'il serait bon de soustraire le jeune sourd-muet à l'influence parfois trop directe qu'exerce sur lui le professeur et d'utiliser un appareil qui puisse permettre à l'enfant *de se rendre compte par les yeux* que sa parole est conforme à la leçon du maître.

Le principe de cet appareil est basé sur le tracé des vibrations du graphophone sur la cire.

On ferait parler l'enfant devant des plaques de vibration, et les sons qu'il articulerait se reproduiraient sous forme de signes alphabétiques particuliers sur un écran.

De cette manière le sourd-muet *pourrait lire sa voix,* observer sans le concours du professeur si ce qu'il a prononcé est bien ce qu'il a voulu dire.

Puis, comme chaque vibration donne sur l'écran un signe différent, il pourra rectifier de lui-même son langage, et voir, tout de suite, si le son qui lui fut demandé est exactement celui qu'il avait l'intention d'émettre.

On voit de quelle importance est cette découverte.

Si l'application de cet appareil, auquel M. Giraud travaille encore, réussit comme on l'espère, nous aurons un changement radical dans la méthode d'enseignement des sourds-muets, voire même une amélioration considérable dans l'émission du son de leur voix, jusqu'à présent si rocailleuse et douloureuse à entendre. La monotonie de leur débit, elle aussi, pourra sans doute être modifiée, sans compter que la tâche des professeurs deviendrait moins pénible.

Dans plusieurs villes d'Amérique, on a créé des écoles régionales pour sourds-muets, avec annexe de classe maternelles.

On y a créé aussi des écoles pour enfants arriérés, dont bénéficient les sourds-muets demeurant trop loin des susdites écoles.

Et c'est dans ces classes maternelles, vulgarisées, que réside le sauvetage du sourd-muet. Il est facile à comprendre qu'à cet enfant anormal, il faut plus de temps pour s'instruire qu'à un enfant normal, et que c'est errer gravement que de le frustrer de ces premières années d'études, si nécessaires à son évolution.

Naguère, à une distribution des prix de l'Institution nationale des sourds-muets, M. Jules Simon prononçait les paroles suivantes :

« Messieurs, et vous surtout, Mesdames, vous savez quel immense travail accomplit un enfant dans les premières années de sa vie ! Quand on est arrivé, comme quelques-uns d'entre nous, à l'extrême vieillesse, on a beaucoup

travaillé, beaucoup appris, on a un grand amas
de connaissances que l'on a acquises au prix
d'un pénible labeur ; mais, si l'on regarde tout
cela en se plaçant au point de vue philosophi-
que, on reconnaît que dans la période qui va
d'un jour à dix ans, on a appris infiniment plus
de choses, fait infiniment plus de progrès, dé-
ployé infiniment plus de talent et d'énergie que
dans les âges suivants. Interrogez un enfant de
dix ans sur ce qu'il sait déjà et vous verrez
à quel point cela est considérable comme quantité, et admirable comme énergie et comme
bon sens...

« Quant au sourd-muet arrivé à l'âge de dix
ans, il ne sait rien encore ; tout ce travail intellectuel, il ne l'a pas fait. La nature lui a fait
défaut, et par conséquent l'éducation maternelle... Il faut qu'à cet âge il commence le
même travail qu'il aurait dû faire depuis sa
naissance ; il a donc une lacune considérable à
combler ».

Dans certaines des grandes villes dont nous
parlions plus haut, des parents se lassèrent de
conduire leurs bébés à l'école maternelle pour
sourds-muets, alors que celle-ci était trop loin
de leur demeure : car, vu leur infirmité, les pau-

vres petits ne pouvaient faire le chemin tout
seuls. On adjoignit alors à quelques écoles des
meneuses salariées, allant chercher les enfants
à domicile et les reconduisant. Ailleurs, des ligues charitables de jeunes filles se formèrent,
dont les membres prirent l'engagement de conduire à l'école et de ramener à ses parents chaque matin et chaque soir un bébé sourd-muet.
Avec le produit des cotisations des jeunes li-
gueuses et dés ventes de charité qu'elles orga-
nisèrent, on parvint à servir, dans une cantine
attenant à l'école, au milieu du jour, un repas
aux élèves indigents.

Il y a peu de temps, j'entendis parler d'un
projet de création semblable que voulaient
inaugurer de jeunes Berlinoises.

Dans le monde des sourds-muets, il y a une
certaine hostilité quand on regarde le sourd-
muet comme un infirme. J'en ai vu se fâcher,
souffrir douloureusement de cette qualification.
Beaucoup d'entre eux ont même émis, au récent
congrès international de Paris, un vœu très
fervent pour que les institutions pour sourds-
muets ne fussent plus régies, telles que les œuvres hospitalières et assistantes, par le Ministère de l'Intérieur, mais bien annexées au
Ministère de l'Instruction publique.

Pourtant, voici des opinions autorisées qui diffèrent quelque peu de cette manière de voir. Tout d'abord nous citerons celle de Ferdinand Berthier, sourd-muet lui-même et professeur pour sourds-muets. Il s'exprime ainsi :

« D'ailleurs ceux qui s'occupent de leur instruction constatent assez généralement que sur 6000 sourds-muets qui devraient être admis indistinctement chaque année à l'instruction primaire, 2000 à 2500 seulement y participent *à peu près*, tandis que 4000 ne feraient que végéter déplorablement toute leur vie ».

Dans De Gérando, tome 1, page 74, nous lisons ceci:

« Il est à remarquer que la surdité de naissance se trouve assez souvent réunie à un état plus ou moins marqué d'infirmité et de débilité dans les organes du cerveau. L'apathie des facultés intellectuelles qui résulte alors de cette dernière circonstance ne doit pas être confondue avec les effets propres à la surdité et au mutisme ».

Quant à Valade-Gabel, il fait le brutal classement suivant :

« Intelligences au-dessus de la moyenne : *un sixième.*

Intelligences moyennes: *un tiers.*

Intelligences inférieures: *la moitié.* »

On sait que Valade-Gabel fut directeur de l'Institut national de Paris et qu'il étudia, sous toutes ses faces, la si intéressante question des sourds-muets.

Quelle est la conclusion à tirer de ces appréciations ?

Qu'en pensent ceux qui s'occupent, et de la pédagogie pour sourds-muets, et de la direction à leur donner pour l'heure où ils seront appelés à gagner leur vie ?

Voici: dans la presque généralité des cas, aussi bien en Europe qu'en Amérique, ainsi qu'on a pu s'en rendre compte dans les différentes sections de l'Exposition, on est d'accord sur ce point essentiel qu'il faut, durant une première période, alors que les enfants sont encore à l'Ecole maternelle, étudier soigneusement les sujets et faire parmi eux un tri, formant un premier contingent qui poursuivrait ses études au delà de l'instruction primaire, un second qui serait dirigé vers les travaux d'art décoratif, et un troisième, moins bien doué, qu'on réserverait pour l'enseignement agricole ou professionnel.

Le Dr Peyron disait à ce sujet: « Les sourds-muets d'une intelligence inférieure peuvent devenir de bons ouvriers parce que l'enseignement d'un métier relève principalement de la vue; on apprend à travailler en voyant travailler et aussi parce que le métier, choisi parmi les plus simples, se compose d'un certain nombre d'exercices, toujours les mêmes, que le sourd-muet peut parvenir à bien exécuter. C'est le contraire de l'enseignement intellectuel qui, beaucoup plus vaste, présente sans cesse de nouvelles difficultés qui demandent une intelligence assez vive pour être surmontées avec succès: un mauvais élève peut être un bon ouvrier ».

Dans presque tous les pays, on est d'accord aussi sur ce point: commencer l'éducation du sourd-muet dès l'école maternelle, et préconiser dans la susdite école, la méthode Frœbel, qui a partout d'excellents résultats.

Une école mixte pour sourds-muets, particulièrement intéressante, est celle d'Asnières, qui fait le sujet du chapitre suivant.

En Angleterre, l'instruction pour sourds-muets est plutôt retardataire; mais, chose à retenir, c'est l'enquête faite en vue de l'examen d'un enfant postulant pour son admission dans une classe spéciale, soit d'arriérés, soit de sourds-muets.

Voici le formulaire élaboré par la Commission de l'enseignement, que doit remplir l'instituteur de l'enfant :

1º Nom et adresse de l'enfant,

2º Son âge,

3º Depuis combien de temps l'enfant fréquente-t-il l'école ?

4º Est-il stupide ou intelligent ?

5º Est-il propre, ses habitudes sont-elles correctes ?

6º A-t-il des penchants particuliers ou dangereux?

7º Est-il obéissant, méchant, rancunier ?

8º Quel est le niveau de ses facultés mentales : observation, imitation, attention, mémoire, lecture, écriture, calcul, couleurs, goûts particuliers?

9º L'enfant est-il affectueux?

10º A-t-il le sens moral développé?

11º Possédez-vous à son sujet d'autres informations?

12º Fréquentait-il régulièrement l'école? Dans la négative pour quelles raisons ?

Le docteur Ferrier ayant déclaré que, pour reconnaître si un enfant est faible d'esprit, trois éléments étaient nécessaires: l'opinion de l'instituteur, la connaissance des antécédents de l'enfant et un examen médical, la Commission décida que l'enfant serait examiné par un conseil, composé d'un inspecteur de l'enseignement, d'un médecin, de l'instituteur de l'enfant et du professeur de la classe spéciale; puis, que les parents seraient invités à se présenter et à fournir tous les renseignements pouvant éclairer la Commission.

Quant aux renseignements sur la famille, ils étaient adjoints au questionnaire suivant:

1º Quelles paraissent être la constitution corporelle et les facultés mentales des parents?

2º Sont-ils tempérants ou intempérants?

3º Histoire de la famille:

	Etat de santé.	Causes, date de la mort et âge au moment du décès.
Père, âgé de		
Mère		
Frères		
Sœurs.		

4º Des membres de la famille, vivants ou décédés, ont-ils été atteints de surdi-mutité, de folie, d'épilepsie, de scrofule, de phtisie ou d'autres affections héréditaires?

5° A quelle époque s'est-on aperçu pour la première fois de la faiblesse d'esprit de l'enfant?

6° A quelle cause l'attribue-t-on?

7° De quelles maladies l'enfant a-t-il souffert?

8° A-t-il été l'objet d'un traitement et en quel
endroit ?

9° Y a-t-il amélioration ou aggravation dans
son état?

10° A quel âge a-t-il commencé à marcher?

11° Et à parler?

Il me semble que ces renseignements nous
prouvent amplement que l'enfant sera, par la
suite, traité, non seulement moralement, mais
aussi physiquement, chose essentielle et de laquelle, dans les écoles spéciales, on ne tient
pas toujours assez compte.

Nous concluerons en insistant spécialement
sur ces deux points: le devoir de tous ceux qui
s'occupent de solidarité et de philanthropie
est: 1° de créer un mouvement sympathique
autour de la cause des sourds-muets, qui sont
un peu négligés partout; 2° de tâcher de déra-
ciner le préjugé, encore trop répandu, qui veut
que l'éducation du sourd-muet ne commence
qu'à la septième ou à la dixième année.

––––––◦◦––––––

Sourds-muets d'Asnières, contrôle à la glace.

L'Institut des Sourds-Muets
d'Asnières

L'Institut départemental des Sourds-Muets d'Asnières doit sa fondation à l'initiative de M. Faillet, conseiller municipal du dixième arrondissement de Paris. Il a pris, en neuf ans, une place des plus importantes parmi les institutions de ce genre.

Il reçoit des enfants de familles domiciliées depuis au moins deux ans dans le département de la Seine et contient, en moyenne, deux cent trente enfants des deux sexes, lesquels sont répartis en trois quartiers distincts, d'après les catégories suivantes :

1º Garçons et filles de cinq à neuf ans.

2º Garçons au-dessus de neuf ans.

3º Filles au-dessus de neuf ans.

Le programme est uniforme pour ces trois sections.

L'enseignement est donné d'après les principes de la méthode orale pure, et les élèves, aussitôt qu'ils ont treize ans, abordent l'apprentissage d'un métier.

Afin de les préparer à bien exercer ce métier — et ce fait est à mettre en relief — les petits sourds-muets d'Asnières sont, dès leur entrée à l'école, exercés à de menus travaux très utiles pour l'éducation de l'œil et de la main.

Les jeunes filles, outre leur apprentissage des travaux de couture, suivent des cours d'école ménagère très bien compris.

Généralement, au bout de quatre années d'apprentissage (lesquelles ne commencent qu'après la treizième année révolue), elles sont aptes à gagner leur vie. Quelques-unes, moins bien douées, pourtant, peuvent être conservées à l'Institut après les quatre années susdites, — la limite d'âge extrême étant fixée à vingt-et-un ans.

Les jeunes gens apprennent à travailler le

Sourds-muets d'Asnières, coupe et essayage.

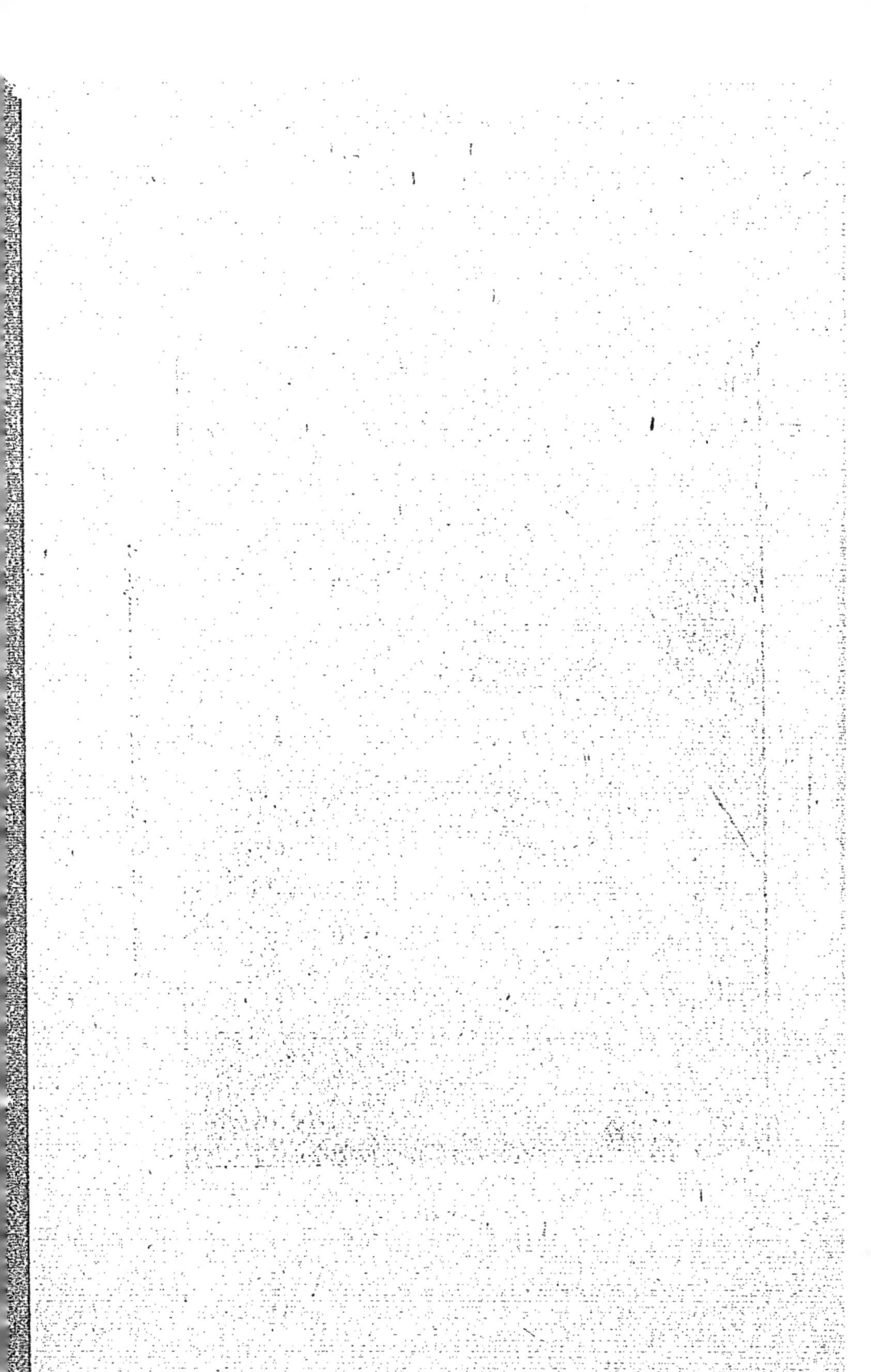

fer et le bois, dans des ateliers on ne peut
mieux dirigés : aussi deviennent-ils tous d'excellents ouvriers.

Un enseignement primaire très complet, accompagné d'une solide instruction morale, arme
définitivement ces. enfants pour la vie, et tous
ceux qui sont à même de visiter l'Ecole des
Sourds-Muets d'Asnières, sont frappés, dès
l'abord, de la franchise des regards d'enfants
qui se lèvent sur eux.

Depuis 1903, une école maternelle a été ouverte à l'Institut, et c'est là un bienfait immense, les enfants arriérés et anormaux ayant
besoin d'une plus longue éducation, encore, que
les autres. Ainsi, en cas de nécessité, un sourd-
muet parisien peut recevoir l'instruction de
treize à vingt-et-un ans, — et ce sacrifice budgé-
taire que s'impose le département de la Seine est
des plus touchants, des plus dignes d'être imités.

La première éducation du sourd-muet est,
à Asnières, l'étude de l'articulation. Lorsqu'à
l'âge de huit ans, elle est achevée, on y passe
peu à peu aux leçons de choses, utilisant, et
suivant d'aussi près que possible, les matières
indiquées dans le programme de l'enseignement
primaire élaboré pour les entendants.

On s'efforce à amener les enfants à l'observation des choses et à l'enseignement de leur vocabulaire, puis on leur donne intuitivement l'habitude de la proposition simple, celle de faire l'analyse et la synthèse, la décomposition et la recomposition de petites phrases se suivant d'après l'enchaînement logique des idées. On s'efforce de trouver l'enseignement grammatical dans des textes suivis, rédigés surtout pour les leçons de choses, de morale, de calcul, de géographie et même d'histoire et de sciences élémentaires. On voit d'après cela que, de prime abord, dès la troisième année, ce système s'éloigne notablement de celui de Valade-Gabel, les procédés d'Asnières devenant rapidement intuitifs et analytiques, tandis que le système de Valade-Gabel reste plus longtemps grammatical et synthétique.

Malgré que l'instruction soit basée sur la lecture sur les lèvres et que toute la matière du programme soit d'abord traitée oralement, on n'omet pas les exercices écrits et, continuellement, les élèves s'exercent à la rédaction.

Chaque élève possède un cahier spécial où il écrit, *sans aide aucune*, le premier exercice de chaque mois, dans chaque matière du pro-

Sourds-muets d'Asnières, numération.

gramme : on peut ainsi suivre le développement de l'enfant depuis son entrée à l'école.

Pour l'enseignement grammatical, on emploie un système de signes, non pas manuels, mais graphiques, faisant partie de la méthode Grosselin et on l'emploie dès les petites classes.

On s'occupe aussi, à l'Institut d'Asnières, des aphasiques, et, pendant les vacances, de la correction du bégaiement et des défauts de prononciation.

Une salle de consultations médicales est annexée à l'école. Pour son outillage, elle peut être regardée comme unique.

Une belle bibliothèque, riche en œuvres traitant de l'éducation des anormaux, est à la disposition des maîtres. Cette belle collection a été complétée encore par les œuvres que recueillirent pendant près de soixante ans divers membres de la famille Valade-Gabel, si dévouée à la cause des sourds-muets.

L'Institut d'Asnières a la bonne fortune d'être dirigé par M. Baguer, dont la femme est la meilleure collaboratrice en cette œuvre de rédemption des anormaux. Elle dirige ses élèves avec une sûreté et une fermeté dignes d'éloges, d'autant plus qu'elle est accompagnée par une grande pitié envers ces pauvres petits disgraciés, auxquels elle témoigne une tendresse maternelle.

Tout le personnel est, d'ailleurs, compétent et dévoué, rivalisant de zèle avec le directeur dont l'éloge n'est plus à faire, chacun voulant prendre sa part de cette vaste démonstration des bienfaits de la méthode orale.

Une importante chose qui est à mentionner encore, à propos de cet Institut d'Asnières, dont la prospérité a crû si rapidement, c'est que plusieurs dames patronnesses ont été admises dans le comité de patronage de cette œuvre. Ce sont Mesdames de la Forge, Fleury, Laurent-Cély et Mauriceau. Cette dernière, qui, nommée une première fois par le Conseil municipal de Paris et par le Conseil général de la Seine il y a cinq ans, a été renommée ainsi que ses collègues, au renouvellement des mandats, fut l'une des premières femmes administratrices des bureaux de bienfaisance de Paris; elle exerça ses fonctions dans le dixième arrondissement.

L'Ecole des enfants arriérées
à la Salpêtrière

Parmi tous nos établissements hospitaliers, l'Ecole des enfants arriérées, à la Salpêtrière, offre à l'observation un intérêt tout spécial. On comprend sans peine qu'elle tienne particulièrement à cœur au directeur général de l'Assistance publique de Paris; et est-il besoin de le dire, ce que M. Napias y favorise par tous les moyens en son pouvoir, ce n'est pas uniquement le fonctionnement de l'Ecole selon la règle, c'est l'incessant effort vers tout le mieux qu'il est permis d'espérer. Il suit de près, pas à pas, les progrès accomplis; et les pauvres petites infirmes,

11

habituées à ses visites, habituées à sa bienveillance paternelle, se montrent toutes joyeuses
lorsqu'elles le voient arriver, l'appelant par son
nom, accourant lui faire voir l'ouvrage qu'elles
ont entre les mains ou les bons points reçus.

Il y a longtemps que nous avions pensé à parler de cette Ecole, mais l'Exposition d'abord,
une longue maladie de M. le directeur ensuite,
nous avaient jusqu'ici empêchée d'aller la visiter. Nous venons enfin de pouvoir, grâce à l'extrême bonté de M. Napias, grâce à l'obligeance
de M. Montreuil, le sympathique directeur de la
Salpêtrière, voir en tous ses recoins cette fondation, qui répond à un très grand besoin et
mérite d'essaimer au plus vite.

L'ex-village ou faubourg de la Salpêtrière
peut être considéré comme une vraie ville, car
il enclôt dans ses murs plus de 27 hectares de
terrain (exactement 275,447,78 m. c., — dont
34,635 pour les bâtiments, et 240,813,78 pour les
cours et jardins), et abrite une population de
plus de 5,000 âmes ; aussi faut-il autant de tact
que de fermeté pour gouverner une telle agglomération, laquelle comprend, en majorité, dans
son ensemble, des sujets peu faciles à contenter :
tels les aliénés, les enfants de l'école de réforme,

et fort souvent les vieillards. M. Montreuil possède ces qualités maîtresses et, en plus, le don de savoir se faire aimer.

L'Ecole des enfants arriérées est au fond du village, précédée d'une grande cour plantée d'arbres où les élèves peuvent s'ébattre à l'aise. Cette école, où il n'y a que des filles, est destinée aux enfants du département de la Seine.

Dès l'arrivée, un nom au-dessus du pavillon principal attire notre attention. Et il évoque, ce nom, un souvenir émouvant, celui de Léontine Nicolle, dont nous avons parlé plus haut (p. 88), cette institutrice d'origine suisse qui fut adjointe à l'école des arriérées en 1850 et se révéla supérieure dans la manière de traiter les pauvres idiotes. Sous sa direction, bientôt la modeste école, jusque-là plutôt *garderie*, devint une vraie classe enseignante et prit le plus bel essor. Aussi est-ce à juste titre que, sur le fronton, se lit le nom de celle qui consacra la majeure partie de sa vie à ce service, après l'avoir assumé sans choisir, par pure piété filiale.

Le personnel de l'école est digne de tous les éloges : sa bonté et son dévouement sont notoires et ne se démentent pas un instant. La Directrice est Mme Meusy, que les enfants appellent plutôt *Maman;* elle est aidée par Mmes Rosel, Corbon, Patouaille et Combel, institutrices, et par Mmes Imbert et Ponselin, maîtresses professionnelles. Ces dames sont secondées par trois infirmières diplomées, dont l'une est une ancienne élève de l'Ecole.

L'Ecole compte maintenant 124 élèves dont 55 épileptiques, presque toutes arriérées. Les autres sont des arriérées simples, infirmes (hémiplégiques, sourdes-muettes, aveugles) ou non infirmes; des idiotes, parmi lesquelles un certain nombre d'idiotes *profondes* (selon le mot employé là-bas) et dont quelques-unes semblent, par leur surexcitation périodique, être sous la menace de l'aliénation.

Les classes sont vastes, bien aménagées; la lumière y entre à flots. Il y en a quatre, dont la visite, commencée par l'asile et finissant par la première classe suivie de l'ouvroir, n'est pas seulement pleine d'intérêt, mais véritablement surprenante, en montrant ce qu'on a pu faire de ces pauvres êtres, regardés encore au siècle dernier comme des non-valeurs, et qu'on laissait, peut-on dire, croupir dans une fange physique et morale.

A l'asile, une trentaine d'enfants sont assises

à leurs places. Toutes sont très malades, la plupart sont gâteuses. Pour arriver à fixer leur attention petit à petit, pour modérer leur agitation nerveuse, leur turbulence, il faut une patience à toute épreuve.

On leur apprend l'alphabet par la méthode Grosselin, on leur fait tracer des caractères sur l'ardoise.

Beaucoup d'entre elles articulent avec peine, ne parlent même pas. On commence par leur apprendre des mots simples en désignant des objets usuels qu'on leur met sous les yeux. Elles arrivent ainsi à connaître et à nommer chaque partie de leur corps, de leurs vêtements, quelques aliments, des animaux, des meubles. Quelques-unes arrivent même à réciter des fables, et, chose remarquable, toutes retiennent facilement des airs; aussi le chant entre-t-il pour une large part dans le programme. Une de leurs plus grande joies est d'actionner un orgue mécanique mis à leur disposition. — Par contre, on a généralement beaucoup de difficulté à leur faire discerner les couleurs.

Comme travaux manuels, on leur enseigne les petits ouvrages d'adresse de la méthode Frœbel: piquage sur carton perforé, pliage de papier, tissage de bandes de papier coloré, point de chaînette crocheté avec les doigts, enfilage de perles, etc.

Chaque année, un nombre variable de ces enfants s'améliore assez pour passer dans la troisième classe.

Dans celle-ci, il y a une quarantaine d'enfants, parmi lesquelles dominent les idiotes simples, les autres étant des épileptiques, des infirmes arriérées, mais point de gâteuses. Là, on apprend déjà à lire et à écrire. Il y a de la vie dans les regards, on aperçoit les impressions plus ou moins lentes, les idées qui se font jour au courant de notre visite : ici, la timidité, là, de la joie très grande (nous distribuons des bonbons), plus loin de la gourmandise.

M. le Directeur est reconnu, une petite sourde-muette se montre apprivoisée au point de lui faire lire une lettre qu'elle a reçue ; elle articule distinctement : « Bonjour, M. Napias. — Au revoir, M. Napias. » Dans cette classe, pour la lecture, on emploie de préférence au début la méthode Regimbeau : articulation d'une consonne avec une voyelle. Puis la méthode Cuissart pour les articulations composées (*br*, *ch*, *cr*, *bl*, etc.) est employée concurremment avec la méthode

Regimbeau. Le procédé phonomimique aide la mémoire, occupe les mains, appelle l'attention de l'enfant; il en est fait usage dans toutes les leçons de lecture.

Pour l'écriture, les progrès sont plus lents et plus divers. Quelques enfants sont plus ou moins paralysées, ont les articulations comme ankylosées, une insurmontable maladresse des doigts.

Le calcul oral est le plus employé; il se fait au moyen d'objets mis entre les mains des enfants : boules, cailloux, bâtonnets, haricots..

A la division des enfants qu'on ne parvient pas à faire écrire, on remet des chiffres en bois ; elles s'exercent à les ranger dans l'ordre, à placer en regard de chacun d'eux le nombre d'objets qu'il indique. Les autres apprennent à écrire les nombres sur l'ardoise ou sur le cahier.

Quant au dessin, on obtient la reproduction d'objets formés de lignes droites, des dessins géométriques très simples. Le modèle est fait par la maîtresse au tableau quadrillé, en même temps que les enfants le reproduisent les uns sur le papier ou sur l'ardoise quadrillés, les autres à l'aide de bandes de papier, de bâtonnets, etc.

Pour les travaux manuels, la démonstration

est faite au tableau noir, tandis que les enfants
ont leur travail entre les mains. La maîtresse
tient un travail semblable au leur, le fait en
même temps qu'elles. En principe, la maîtresse
ne touche pas au travail individuel de l'enfant :
elle fait défaire ce qui est mal exécuté, et reprend la démonstration à l'aide du travail qu'elle-
même a entre les mains.

Les leçons orales entrent pour une grande
partie dans le programme. Leçons sur les animaux, les choses, les plantes, les couleurs, faites
à l'aide d'images, de dessins d'objets.

On doit interrompre souvent les exercices
scolaires par des exercices corporels, la tension
des pauvres petites ne se soutenant pas longtemps, et leur besoin de mouvement étant des
plus impérieux. Jeux de balle, passe-boule, balle
au but, gymnastiques diverses sont toujours
un dérivatif puissant, dont on use avec passion.

Dans la deuxième classe, il y a 29 enfants
parquées en deux divisions, ayant chacune une
demi-journée de classe et une demi-journée
d'ouvroir.

Cette classe contient des arriérées simples,
des arriérées épileptiques, des hémiplégiques,
des aliénées et des idiotes améliorées.

La première division correspond aux cours préparatoires de l'enseignement primaire et la seconde suit les programmes des écoles maternelles.

Les enfants de la première catégorie lisent couramment. Celles de la seconde sont à divers degrés; quelques-unes même, à un moment donné, rétrogradent, comme beaucoup d'idiotes et d'épileptiques à l'âge de la formation.

Dans la première division on fait de courtes dictées, quelques devoirs de rédaction. En fait de calcul, on s'occupe des trois premières règles. On y apprend aussi par cœur de courtes leçons de grammaire, d'histoire de France, de géographie.

Chaque semaine une leçon de chant, et une leçon de gymnastique.

La première classe contient 30 élèves. Elle se rapproche sensiblement d'une classe d'enfants normaux, correspondant pour la première division au cours moyen, pour la seconde au cours élémentaire.

Elle comprend des enfants arriérées, des épileptiques, des hémiplégiques, des aveugles; elle a aussi actuellement une sourde-muette épileptique et deux enfants infirmes d'intelligence normale.

Pour les enfants de cette classe s'accroît la variété des occupations, de même que le développement de l'enseignement professionnel.

On ne leur fait qu'une demi-journée de classe, et encore faut-il sur cette demi-journée prendre le temps des leçons de gymnastique et de chant.

Les élèves les plus avancées parviennent à résoudre toutes les questions d'arithmétique simple, de fractions, de système métrique. Les aveugles prennent part à tous les exercices oraux; elles font par la méthode Braille une partie des devoirs écrits, exécutent des fleurs artificielles, des travaux de perles, de tissage, de tricot.

A l'ouvroir, l'enseignement professionnel est donné sous trois formes : couture, confection de fleurs artificielles, brochure de livres et imprimés divers.

C'est lorsqu'on visite l'ouvroir surtout, qu'on sent s'élever en soi une action de grâce envers les maîtresses, dont la patience inlassable a obtenu enfin ce quasi-miracle : l'acquisition par ce pauvre être de la faculté de se suffire, de gagner sa vie, alors que, quelques années auparavant, il leur arriva gâteux, parlant à peine, incapable de se servir de ses doigts.

Elles sont là une dizaine d'excellentes apprenties fleuristes, travaillant pour une grande maison de fleurs de Paris.

Les petites couturières, elles aussi, ont des commandes pour la ville, confectionnent des brassières d'enfants, des taies d'oreillers, des essuie-mains, des torchons, etc... L'ouvrage est propre, les points sont perlés.

Quelques enfants font avec beaucoup d'adresse des cols au crochet, de la dentelle, de la broderie.

L'atelier des brocheuses, fonctionnant depuis peu, a 11 apprenties dont quelques-unes sont aptes déjà à brocher, entièrement seules, un livre.

Une grande vitrine contient des travaux exécutés par les enfants, travaux dont, à juste titre, maîtresses et élèves se montrent fières. Lorsque Mme Meusy l'ouvre à deux battants pour nous faire admirer de près les objets qu'elle contient, on voit des sourires voltiger au long des tables... Il y a là des coussins brodés dignes de figurer dans les vitrines des grands boulevards, des porte-cartes, des portefeuilles en soie ou en satin brodé, des porte-éventails, des fleurs artificielles de tous genres, notamment des giroflées d'une imitation parfaite. Il y a des poupées aussi, celles-ci vêtues à la dernière mode, une autre habillée en infirmière...

Il y a des livres, des brochures, des ouvrages de couture, des fleurs en perles...

Mais, ce qu'il y a surtout et avant tout, en ce coin-ci comme dans la première classe, c'est une expression de vie, de contentement sur les visages même les plus disgraciés. On y a conquis l'accès de la vie intellectuelle, le droit à la vie normale. Et à cette vie normale on est parvenu, non seulement par l'emploi de savantes méthodes étudiées soit chez le Docteur Bourneville, soit ailleurs, mais bien par le dévouement, par l'amour vraiment *maternel* des institutrices, des maîtresses professionnelles et des infirmières. Elles ont pour ainsi dire recréé ces petites âmes vacillantes, embryonnaires; elles les ont sorties de leur cangue avec toute l'énergie de leur vouloir : et grâce en soit rendue à ces mères spirituelles!

Il est à remarquer que presque toutes ces petites sont très affectueuses, donnent des signes touchants d'attachement à leurs maîtresses.

A cet enseignement professionnel donné à

l'ouvroir de la Salpêtrière, peuvent se rattacher
les travaux de la buanderie et du jardin. Celui-
ci, attenant à l'école, est cultivé par les élèves
des trois classes. Dans la buanderie, qui peut
occuper sept élèves à la fois, les lavandières
sont très affairées, montrent beaucoup de goût
pour leur besogne. Ce linge qu'elles lavent
aujourd'hui, demain elles le repasseront. Encore
une catégorie ayant un gagne-pain au jour de la
sortie de l'établissement.

Ce sont les enfants qui choisissent elles-mêmes
leur profession, selon leurs aptitudes.

Voilà donc une expérience qui a réussi. Mais,
en regard des quelques centaines d'enfants
sauvées ici, ou à la fondation Vallée ou ailleurs,
combien d'autres centaines de malheureux infirmes ou arriérés qui attendent leur sauvetage!
L'instruction a beau être obligatoire pour tous,
on n'a pas pourvu aux voies et moyens de l'assurer aux arriérés. A ce propos, une fois de plus,
nous entendons déplorer les difficultés bud-
gétaires, les crédits insuffisants. Et pourtant
n'est-il pas clair que ces crédits votés seraient
en réalité pour l'Etat un dégrèvement plutôt
qu'un surcroît de charges ? Cela ne fait pas
l'ombre d'un doute, puisque les idiots non édu-

qués, parqués en des garderies, coûtent plus cher à la société que des écoles qui les rendraient aptes à gagner leur vie.

Mme Meusy et ses collègues de l'Ecole de la Salpêtrière ont étudié de très près à l'Exposition de 1900, dans les sections étrangères, les différents modes d'enseignement pour les enfants idiots, infirmes et arriérés, se sont documentées sur ce que partout on a pu faire pour eux. Elles nous apprennent que « dans certains pays et contrairement à ce qui se passe chez nous, la loi est intervenue pour assurer ou réglementer l'instruction des enfants anormaux ou arriérés. Ou bien, à défaut d'une réglementation qui n'existe pas ou n'est que partielle, l'initiative privée s'est saisie de cette question et, sous l'impulsion tantôt du corps médical, tantôt du corps enseignant, s'est préoccupée de rechercher ce qu'il convient de faire pour augmenter les chances de développement intellectuel et physique des enfants arriérés ou anormaux et pour essayer, en leur enseignant un métier, de les préserver de l'oisiveté misérable et de la criminalité fatale où ils vivraient sans cela. »

Après l'étude comparative de ce qui se fait ailleurs, les institutrices de la Salpêtrière en arrivent à des considérations et conclusions que je résume :

Comme procédés et manières d'instruire les arriérés, nous ne sommes pas en retard dans les quelques écoles que nous possédons. Mais, pour la masse entière des infirmes et des arriérés, on fait moins chez nous qu'ailleurs. Le Docteur Bourneville, d'autres savants médecins, des instituteurs ont déjà, mais vainement jusqu'ici, insisté pour qu'on institue des écoles spéciales ou des asiles convenablement appropriés. Il serait grand temps d'aborder franchement cette question, au double point de vue médical et pédagogique.

En Allemagne et en Angleterre, on a calculé qu'il y avait dans la population scolaire 1 pour 100 d'enfants arriérés. La proportion est-elle en France à peu près pareille ? C'est ce que personne n'a cherché jusqu'ici à fixer. Supposons que, ce dénombrement fait chez nous, on trouve demain les ressources nécessaires pour avoir autant d'écoles spéciales qu'il faudrait : il n'en resterait pas moins à considérer nombre d'enfants dont l'état relève surtout de la médecine, qui ont besoin d'une surveillance spéciale, pour qui l'internat s'impose.

Il y a aussi les arriérés simples qui n'ont pas de famille ou dont les parents ne peuvent s'occuper.

Et cela aboutit à la solution nécessaire qui peut se formuler ainsi :

1º Création de classes ou d'écoles spéciales en nombre suffisant pour les arriérés, et peut-être, comme on le veut en Allemagne, pour les épileptiques à crises rares ;

2º Création d'asiles-internats pour les arriérés qui ont besoin d'une surveillance spéciale, pour les idiots améliorables, pour les épileptiques, pour les infirmes quelconques qui ne peuvent suivre les écoles externes ni être gardés dans leurs familles;

3º Après l'épreuve de l'école spéciale (externat), ceux de ces enfants qui ne pourraient être instruits assez pour trouver plus tard un emploi qui les fasse vivre librement devraient être dirigés sur des colonies agricoles spéciales; et quelques-uns d'entre eux pourraient y trouver une existence calme et saine de travail rétribué et de liberté relative.

Ce n'est que lentement que l'on procédera vers cet idéal. Sans doute commencera-t-on par créer d'abord une de ces écoles par département;

ensuite, une par arrondissement. Peut-être arrivera-t-on à en avoir une par canton... et puis, qui sait, par commune — classe spéciale, annexe de l'école primaire de l'endroit. Ces réalisations, venant répondre à un tel besoin, marqueront, avec d'autres de même ordre et non moins attendues, l'ère nouvelle de solidarité qui répandra libéralement, et sans distinction, ses bienfaits sur tous les enfants.

La Ligue contre la Tuberculose

La Ligue contre la tuberculose gagne du terrain non seulement en France, mais ailleurs.
Elle fonctionne aujourd'hui à Moscou, au Ca-
nada, aux Etats-Unis, en Suisse, dans quelques
villes d'Italie et d'Espagne, en Angleterre et en
Belgique; escortée déjà de plus d'une autre
œuvre similaire. Le docteur Armaingaud peut
être fier de son œuvre. Voici vingt-cinq ans que
cet homme de bien consacre son activité et sa
fortune à l'idée altruiste qui le possède tout entier. Il organisa d'abord à Bordeaux des conférences populaires, qui eurent un grand succès
et à l'issue desquelles se distribuaient à des
milliers d'exemplaires les légers cahiers (des

tracts) où sont fixées, sous la forme la plus assimilable à tous, les connaissances d'hygiène qu'il importe d'inculquer aux masses humaines.

Il construisit ensuite son sanatorium d'Arcachon — une merveille d'installation thérapeuthique — et eut la joie de provoquer la création de nombre d'établissements de ce genre, dont les principaux sont ceux de Pen-Bron, de Banyuls, de St-Trojan, d'Hyères-Gien. Car, dans son zèle admirable, il ne rêve pas seulement d'enrayer le mal ou de le prévenir directement, mais de lui enlever jusqu'aux moindres chances de naître, en essayant de fortifier à l'air salin du littoral tous ces candidats à la tuberculose que sont les enfants lymphatiques, anémiques, rachitiques, scrofuleux, nés de parents malades, dégénérés ou alcooliques. Et, par cela même, la multiplication de ces *hôpitaux marins* était déjà une œuvre de prophylaxie de la tuberculose. Enfin, en 1891, le docteur Armaingaud fonda, avec le concours du docteur Verneuil, la *Ligue contre la tuberculose*, qu'il est un devoir de faire connaître partout.

A cette ligue adhérèrent, dès son origine, un grand nombre d'instituteurs et de médecins qui

aidèrent à l'extension de cette association utili-
taire en faisant des conférences populaires et
en distribuant des tracts.

L'an dernier, la ligue organisa des conférences dans les mairies des vingt arrondissements de Paris, et, partout, dans les quartiers
riches comme dans les quartiers pauvres, elles
furent suivies avec le même enthousiasme, la
même assiduité.

Les ravages de la tuberculose ont plus que
triplé en moins d'un siècle ! Et c'est un bon
sixième de la population française que dévore
le terrible Moloch. Contingent considérablement supérieur à celui d'autres maladies qui, on
ne s'explique pas pourquoi, terrorisent davantage le public — la diphtérie et le typhus, par
exemple, qui font le vide autour des sujets
contaminés.

Il est vrai que la tuberculose resta longtemps
inétudiée et même scientifiquement inconnue.

On sait la part de l'illustre Villemin, initia-
teur de cette étude : *La tuberculose est comme
toutes les maladies infectieuses et contagieuses,
virulente et transmissible par l'inoculation ;*
celle de Pasteur : *Toutes les maladies viru-
lentes et contagieuses sont la conséquence de la*

pénétration et de la multiplication dans le corps humain d'un être vivant, invisible à l'œil nu puisqu'il ne mesure que quelques millièmes de millimètres : un microbe; — celle de Koch, enfin, qui fait connaître le microbe de la tuberculose et prouve que sa culture peut produire à volonté la maladie..... Reste à savoir, avec une suffisante précision, comment se fait le passage de ce microbe de l'homme malade à l'homme sain, et à déterminer le moyen le plus efficace et le plus pratique d'empêcher cette transmission ou de détruire le microbe avant qu'il n'ait eu le temps d'opérer.

Dès 1892, le docteur Armaingaud, dans une de ses plus éloquentes conférences, préconisait ainsi des mesures défensives que personne ne devrait ignorer et que nous trouvons utile de redire aujourd'hui que vont reprendre à nouveau ces cours de prophylaxie dans les mairies parisiennes.

« *On sait aujourd'hui* que, dans la grande majorité des cas, le sujet qui deviendra phtisique plus tard n'apporte en naissant ni la tuberculose ni le germe de la maladie.

« On sait aujourd'hui que la plus grande partie des 150,000 tuberculeux qui succombent chaque année en France ont contracté leur mal soit en respirant un air chargé de germes de la tuberculose, soit, moins souvent, en se nourrissant de certains aliments qui peuvent contenir accidentellement ces germes (lait de vaches tuberculeuses non bouilli, viandes provenant d'animaux tuberculeux, etc.).

« *On sait aujourd'hui* que ces germes de la tuberculose (bacilles de Koch) sont répandus, semés par les phtisiques dans leur entourage et partout où ils se transportent, chaque malade devenant, *par son expectoration,* un centre d'émission de ces particules contagieuses.

« *On sait aujourd'hui* que, par certaines précautions assez simples, il est possible de détruire la plus grande partie de ces germes répandus dans l'atmosphère et de supprimer du même coup la plus grande partie des cas de tuberculose.

« *On sait encore* que le tuberculeux n'est aucunement dangereux par son contact, ni par son voisinage ; que ce n'est ni sa personne *ni son haleine* qui sont nocifs, et qu'on peut lui donner les soins les plus constants sans courir de risques sérieux, *à la condition de prendre certaines précautions, dont la principale est de*

recueillir son expectoration, et de ne pas attendre, pour détruire ses crachats, qu'ils se
soient desséchés et répandus en poussière dans
l'atmosphère.

« *On sait,* enfin, qu'en prenant ces soins de
minutieuse propreté, on n'empêche pas seulement le malade de devenir dangereux pour les
autres, mais qu'on lui rend, en outre, un pré-
cieux service : car on l'empêche aussi de se
réinfecter lui-même, et d'annuler par cela
même, au fur et à mesure qu'ils se produisent,
les bons effets d'un traitement qui serait beaucoup plus souvent victorieux, si ces précautions
étaient rigoureusement prises. »

En général, au lieu d'instruire les tuberculeux de leur état pathologique, ce qu'on devrait
toujours faire aujourd'hui qu'on sait que la maladie est guérissable, on fait autour d'eux la
conspiration du silence : c'est à qui niera le mal
le plus décidément pour rassurer les pauvres
malades, écarter d'eux toute frayeur. Attention
funeste, on ne peut plus, — vu que si, dès le
début, ils avaient été renseignés sur leur état
morbide, ils eussent travaillé plus efficacement
à leur guérison que les médecins eux-mêmes,
grâce à la constante préoccupation d'une bonne

nutrition favorisée par la vie au grand air : car
telle est la ressource souveraine durant les deux
premières périodes de la maladie.

En dehors de l'intérêt de l'individu, c'est un
devoir social pour chacun de lutter contre cette
terrible affection : car elle est, dans nos grandes
villes surtout, un danger public permanent. Que
les notions générales que la *Ligue contre la
tuberculose* s'applique à populariser se gravent
dans l'esprit des foules. On pèche plutôt, en
ceci, par ignorance que par égoïsme. Qui ne
comprendrait que, en attendant que s'améliore
le sang de la race, par l'hygiène et une vie de
moindre surmenage (ce que nos enfants verront peut-être), *on ne doit pas* laisser toutes
portes ouvertes aux fléaux envahisseurs.

Dans notre beau Paris, voire même dans les
plus élégants quartiers, couvent, en de vieilles
maisons contaminées, d'épouvantables foyers
de tuberculeux qui ne prennent pas les plus
élémentaires précautions d'hygiène. Ils sèment
à plaisir la graine morbifique, expectorant n'importe où leurs mucosités bacillaires — du grenier à la cave, de la cour à la rue.... et la
semence lève et pullule plus qu'ailleurs dans
ces caravansérails de miséreux, le terrain s'y

trouvant préparé au mieux par l'indigence phy-
siologique et l'usure alcoolique.

Chacun peut aider au sauvetage de tous en
signalant à la Commission de salubrité publique
de sa cité celles des maisons de son entourage
dont les propriétaires, notoirement indifférents,
ne se conforment pas au règlement qui leur en-
joint de faire désinfecter un logement après un
cas de décès dû à la tuberculose. A cette œuvre
d'intérêt général, chacun peut concourir encore
en éclairant les miséreux sur les dangers qu'ils
courent eux-mêmes et font courir à leurs proches et voisins par l'acte répété habituel de
cracher n'importe où.... Quant aux tristes conditions de leur vie, aux effroyables cercles
vicieux des chômages, de l'alcoolisme, des privations et de la maladie, où réside bien évidemment la cause première de toutes les contagions
tuberculeuses et que ni l'assistance officielle, ni
les innombrables sociétés bienfaisantes, ne
pourraient à elles seules réformer de sitôt,
c'est surtout à la somme des bonnes volontés
individuelles qu'il appartient de les améliorer.
Mais les taudis — les taudis de la faim — qui
ne sont pas ceux des pauvres professionnels,
mais des pauvres honteux — ne s'offrent pas,

ne s'étalent pas, et ils veulent être cherchés :
ils ne sont pas loin, pourtant, tout près de
nous... sous les toits, ou très en arrière des fa-
çades mirobolantes, dans l'ombre morne des
cours. Là est « *le prochain* » — tout proche
— ce prochain que « *tu aimeras comme toi-
même* » : il n'est pas anonyme, et on peut lui
parler.

Pour ne pas terminer cette causerie comme
un prêche, disons encore qu'on étudie, dans
plusieurs de nos hôpitaux parisiens, un système
nouveau pour obtenir la destruction immédiate
des expectorations bacillaires des hospitalisés.
Au lieu de leur laisser à portée, comme autrefois, le crachoir ou le mouchoir phéniqué, on
leur donne de petits mouchoirs japonais en papier spécial, qui sont ensuite recueillis en des
vases désinfectés, pour être brûlés aussitôt.
C'est là une excellente innovation, qui pourra
garantir de la contagion mieux que l'ancien
procédé : les infirmiers, infirmières, garçons de
salle, chargés du nettoyage, voire même les blan-
chisseuses et compteurs de linge.

Un Dispensaire nouveau style

———

Le récent Congrès de Londres, où fut étudié
sous toutes ses faces le terrible fléau qui décime
l'ancien et le nouveau monde, a reconnu solennellement — une fois de plus — que la Tuberculose peut être prévenue et guérie.

Mais, pour la prévenir comme pour la guérir,
il nous faudrait avoir vaincu, auparavant, son
cousin germain, le redoutable *Alcoolisme* et sa
sœur très féroce, la *Misère*...

Certes, l'*Etoile blanche* et l'*Etoile bleue*, la
Croix verte et toutes les autres sociétés d'absti-
nence ou de tempérance mènent contre le dé-
mon destructeur (qui, sous prétexte de donner
la vie, sème la mort) la plus dévouée, la plus

utile des campagnes ; mais plus forte qu'elles toutes reste la Misère; et là où elle pose ses guenilles, se reproduit, abonde, pullule le ba-cille de Koch, narguant les antiseptiques et l'eau bouillante, luttant effrontément contre le soleil lui-même, résistant à tout ce qui anéantit les autres microbes, dans ce terrain humain affaibli par la dénutrition et la lassitude morale.

Dans Paris, un groupe d'êtres dévoués a compris que si l'on voulait avoir raison de la tuberculose, il fallait attaquer auparavant la misère, et courageusement, il s'est mis à l'œuvre, fondant la *Société philanthropique des Dispen-saires antituberculeux français*, dont le siège se trouve: 9, rue de Bellefond, et qui a ouvert, déjà, deux maisons de secours dans Paris.

Voici son but: elle se propose de soigner gratuitement les phtisiques indigents, de leur distribuer des secours en aliments, médicaments ou vêtements, de surveiller l'habitation du ma-lade, d'indiquer à ce dernier les meilleures con-ditions d'hygiène pour atteindre sa guérison et pour éviter la contamination de ses parents ou de ses voisins.

Quand j'aurai ajouté que sont reliés aux dis-pensaires qu'elle créa, des laboratoires où des

savants recherchent le moyen le plus puissant
de la guérison de la tuberculose, on comprendra
ces paroles que m'a dites l'un des membres de
cette bienfaisante association : « La tuberculose
n'est pas une maladie, elle est un *mal social*, et
ce qui le cause, c'est le travail excessif, joint à
une nourriture insuffisante et à la vie confinée
dans des logements malsains et des ateliers pu-
trides. Aussi voulons-nous essayer de donner à
nos malades non seulement des médicaments,
mais de la nourriture reconstituante et leur
ménager, si possible, un cran d'arrêt dans leur
vie angoissante en les affranchissant jusqu'à la
libération de leur mal, des soucis quotidiens que
leur crée le chômage Tout petit certainement
est encore le nombre de nos protégés, de nos
sauvetés, car, hélas ! les fonds nous manquent.
Mais au moins aurons-nous tracé un sillon nouveau, montré ce que l'on peut et doit tenter. Si
nous arrivons à créer des sanatoriums, à les
multiplier en grand nombre, j'ai l'idée que nous
aurons fait faire un pas de géant à la question
antituberculeuse. »

Aujourd'hui déjà, la Société a récolté les
fruits de ses efforts, en rendant l'espoir à bien
des malheureux qui avaient franchi le seuil

hospitalier de la rue de Bellefond ou de la rue d'Assas en désespérés ; elle a, d'ailleurs, plusieurs guérisons à son actif, ayant pu se donner cette joie d'envoyer certains de ses malades dans des sanatoriums français, voire même à Davos.

L'ouverture des susdits dispensaires de la rue de Bellefond et de la rue d'Assas — que les indigents appellent des *maisons de secours* — a fait sensation parmi les malades, et l'on fait queue pour y suivre un traitement. Aussi est-on heureux de pouvoir y rendre les consultations quotidiennes depuis que de jeunes docteurs enthousiastes sont venus spontanément offrir leur collaboration, aussi zélée que désintéressée, à cette œuvre de solidarité.

Rien de plus navrant que le défilé de ces malheureux contaminés; mais rien de plus consolant, aussi, que la manière bienveillante dont ils sont accueillis.

Avec douceur on les interroge, sollicitant leurs confidences, qu'on écoute sans les écourter, en formant le diagnostic moral en même temps que le diagnostic physique.

Celui-ci, un jeune homme, vient de se peser, il a augmenté de poids et se montre radieux.

On lui fait, à présent, une piqûre de sérum, puis on lui apporte deux œufs crus à gober. Comme il va partir, dans la main reconnaissante qu'il tend et qu'affectueusement on serre, je vois le glissement d'un papier blanc, et un murmure que je devine plus que je ne l'entends, chuchote ceci : « Pour vos beefsteaks de la semaine ! » Un éclair de tendresse, sans ombre d'humiliation, passe dans les yeux du pauvre diable, fait autour de sa bouche un plissement d'émotion ; il veut balbutier des paroles de reconnaissance qui ne sortent pas de sa gorge serrée. Mais déjà le docteur lui a tourné le dos, en disant :

« Au revoir, au revoir ; tâchez d'engraisser de 500 gr. d'ici vendredi prochain, pas ? »

Et c'est le tour d'une petite ouvrière, à présent, une veuve avec deux enfants à élever. Pour soigner le mari elle a épuisé ses dernières ressources, porté jusqu'à ses draps au Mont-de-Piété. Quand il « a été parti », elle s'est mise à trimer sans relâche, cousant à vil prix pour un entrepreneur. Ce fut la misère, malgré son courage, l'étiolement des petits ; et enfin l'expulsion avec saisie du mobilier, et, depuis l'emménagement dans un logis humide, avec les débris

du ménage, c'était la toux, la vilaine toux qui
la suffoquait nuit et jour, la fièvre au crépuscule,
les maux de tête, l'anéantissement de tout son
être. Et elle se met à pleurer, ne pouvant plus
continuer à parler, car une quinte horrible se-
coue sa frêle personne.

Apitoyé, le docteur se met en devoir d'aus-
culter la malade, qui attache ensuite sur lui des
grands yeux inquiets, brouillés de larmes. Il la
rassure :

« Allons, allons, cela ne sera rien ; j'enverrai
quelqu'un vous visiter, chez vous, et l'on s'oc-
cupera de vous faire quitter ce logis malsain.
Voulez-vous ne pas pleurer ainsi, voyons, puisqu'on va vous guérir ! Vous viendrez à la visite
deux fois par semaine, et vous prendrez ce mé-
dicament que je vous ferai préparer. Puis vous
allez vous servir de ce gentil petit crachoir de
poche, n'est-ce pas, pour ne pas contaminer vos
bébés. Vous verrez que tout ira bien. A bientôt.
mon enfant, à bientôt. »

Elle s'en va, transfigurée, non sans emporter
le feuillet contenant les instructions prophylac-
tiques, destinées aux pauvres comme aux riches, et qui porte en exergue, ces mots plutôt
rassurants :

« La tuberculose est contagieuse et comme telle est évitable. La phtisie est la plus curable de toutes les maladies chroniques. »

Sur une de ses faces, le feuillet contient le principe hygiénique suivant:

« 1º La tuberculose est une maladie curable.

« 2º Pour guérir un phtisique, il faut avant tout le soumettre à d'excellentes conditions d'hygiène.

« 3º L'air, la lumière solaire sont les meil‧leurs agents curables des tuberculeux.

« 4º Le phtisique doit autant que possible garder le repos dans une excellente atmosphère, coucher dans une chambre exposée au midi, dont les fenêtres resteront ouvertes jour et nuit.

« 5º La bonne alimentation seconde la gué‧rison de la phtisie par une prompte réparation des tissus délabrés. Manger surtout beaucoup de viande, des œufs, du poisson, du beurre, des aliments gras, etc.

« 6º Observer une grande propreté person‧nelle du malade et générale de l'appartement.

« 7º Consulter au moins une fois par semaine un des médecins de nos dispensaires, qui préci‧sera, pour chaque malade, la ligne de conduite personnelle à suivre. »

Sur l'autre face nous lisons ceci :

« 1° La tuberculose est essentiellement contagieuse. Elle se transmet par les crachats, par
les poussières d'appartement ou de la rue, par
le lait cru, par la viande mal cuite. — Ne cra-.
chons donc jamais que dans des crachoirs contenant un liquide antiseptique.

« 2° Nettoyons chaque jour l'appartement
habité par un malade avec une éponge trempée
dans un liquide antiseptique.

« 3° Le lait doit être bouilli ou stérilisé, et
la viande doit être bien cuite avant la consom-
mation.

« 4° Il faut éviter les salles de spectacles
malsaines, les fiacres, les omnibus et les wagons
malpropres.

« 5° Evitons encore, comme la peste, les cra-
cheurs qui répandent les maladies autour d'eux.

« 6° Avant de prendre possession d'un appartement qu'a peut-être habité un phtisique, il est
utile de procéder à une désinfection sérieuse.

« 7° Tout phtisique doit avoir un crachoir.

« 8° Le crachat, voilà l'ennemi.

« 9° L'alcoolisme favorise et *développe* la tuberculose. »

*
* *

Parmi les noms du Comité de patronage, nous relevons ceux de MM. Magnaud, Président du Tribunal de Château-Thierry, — Trarieux, Sénateur, — Sully Prudhomme, — Laroumet et Hanotaux, de l'Académie française ; — Mesureur, Vice-Président de la Chambre des Députés, etc.

Quant au Comité d'initiative, il comprend un grand nombre de représentants très connus du corps médical.

Cette œuvre doit réussir, et elle réussira, étant de celles qui ne trouvent pas de contradicteurs, et qui peuvent, à juste titre, être déclarées *d'utilité publique*.

L'École de la rue Amyot

―――――

Lorsque fut fondée, à Paris, sur le modèle des écoles de *Hospital Nurses,* l'œuvre de Mme Alphen-Salvador intitulée *Ecole professionnelle d'assistance aux malades,* on n'osait pas, quoiqu'elle répondît à un pressant besoin, espérer pour elle un essor rapide et l'on était loin de penser qu'il serait tel qu'il lui faudrait trouver un local nouveau dès la fin de la première année, — vu que le premier était déjà trop petit, — et que le second local devrait être élargi lorsque se terminerait sa deuxième année d'existence.

Aussi pouvons-nous dire que si, aujourd'hui, tous s'inclinent devant cette œuvre modèle,

Portrait de Mme Alphen-Salvador,
Fondatrice de l'Ecole des Infirmières et de la Guirlande.

c'est qu'elle réalisa, au point de vue *métier*, la plus grande perfection qu'on ait jusqu'alors pu atteindre, la créatrice s'y étant révélée organisatrice de premier ordre.

Malgré quelque défaveur s'attachant encore dans notre pays à ce métier d'infirmière, il est permis d'espérer qu'il prendra bientôt définitivement, dans l'estime du grand nombre, le rang qu'il mérite. De cette réhabilitation, la réussite de Mme Alphen-Salvador est un signe certain et nous pouvons dire que l'idée est en marche et compter sur une évolution rapide. D'ici à quelques années, on aura définitivement compris quel rôle prépondérant la femme peut tenir dans l'action sociale d'assistance et d'hygiène, alors qu'on l'aura munie de la technique spéciale indispensable et fait passer par un entraînement intellectuel et moral approprié; on pourra dès lors et on *devra* lui confier, de ce côté-ci du détroit, comme on le fait déjà de l'autre, non seulement le soin des malades, mais bien aussi l'administration des hôpitaux.

Dans les services médicaux et chirurgicaux des hôpitaux anglais, on n'hésite pas à placer des docteurs féminins. Il est vrai que, là encore, la carrière médicale a tenté plus de femmes qu'ici : les barrières qui semblent en éloigner le sexe faible y sont tombées l'une après l'autre. En l'espace de dix ans, on y a vu sortir de l' « Ecole de Médecine pour les Femmes » plus de deux cents femmes médecins, occulistes, démonstrateurs d'anatomie, gynécologues, etc...

Lorsqu'il y a bientôt trois ans, *l'Ecole d'assistance aux malades* émigra de la rue Garancière au 10 de la rue Amyot, le programme et les conditions d'admission furent légèrement modifiés et la bonté de Mme Alphen-Salvador s'y fit un plus large champ d'action en créant un petit hôpital, annexe de l'Ecole, où sont gratuitement soignées par l'œuvre, des femmes *vivant de leur salaire et atteintes de maladies non contagieuses.*

Auprès de ces malades, nos petites nurses se relaient et se multiplient, pleines d'amour pour le service, avec la ferveur de jeunes néophytes qui ont la conscience de ce que l'on attend d'elles, qui sont fières d'être d'avant-garde, d'avoir abjuré les préjugés courants.

Les infirmières font, rue Amyot, un stage de deux ans en qualité d'internes. Au bout de la deuxième année d'études, les élèves ayant subi avec succès leurs examens sont nommées assis-

Ecole des infirmières, la récréation.

tantes, et, en cette qualité, sont envoyées dans les familles auxquelles elles fournissent des gardes-malades compétentes présentant toutes les garanties désirables au point de vue de la préparation technique, de la moralité et du dévouement.

Pendant la durée de l'engagement qu'elles contractent avec l'Ecole, à la fin de leur stage, les assistantes sont nourries et logées rue Amyot ou dans les familles et reçoivent un traitement de 1200 francs. Cet engagement est renouvelable par périodes de cinq ans.

L'Ecole Alphen-Salvador offre aussi aux municipalités qui voudraient faire instruire des infirmières pour leurs hôpitaux une réduction de prix pour la durée entière des études. Ces jeunes filles sont soumises, quant au reste, aux mêmes conditions d'entrée que les autres élèves et doivent appartenir à des familles d'une moralité reconnue.

Voici l'ensemble de ces conditions, duquel fut bannie celle d'être de nationalité française.

1º Adresser une demande à Mme la Directrice, qui en saisit aussitôt le Comité.

2º Etre âgée de 18 ans au moins, de 30 ans au plus.

3° Fournir les pièces suivantes : acte de naissance sur papier timbré, légalisé ; certificat de vaccine ; certificat de bonne conduite délivré par l'établissement où la candidate a fait ses études ; certificat médical constatant des apti-tudes physiques pour les fonctions d'infirmière ; diplôme de fin d'études secondaires, ou l'un des brevets de l'enseignement primaire ; l'engage-ment écrit de se soumettre aux règlements de la maison dont les candidates déclarent avoir pris connaissance.

4° Les candidates qui connaissent une ou plusieurs langues étrangères seront choisies de préférence.

5° Toute candidate ne sera définitivement admise à l'Ecole qu'après un examen médical.

6° Le Conseil d'administration se réserve dans tous les cas de juger des exceptions et des dispenses à accorder.

Point n'est besoin de dire que les cours tech-niques et pratiques sont faits par d'excellents médecins et chirurgiens, et par un pharmacien de première classe pour les connaissances phar-maceutiques.

Aux études de métier fut joint un enseigne-ment de morale et de probité professionnelles

Ecole des infirmières, la leçon d'anatomie.

de haute valeur, et l'on va même jusqu'à donner
aux élèves des notions sur les préparations cu-
linaires destinées aux malades et des leçons
de diction, afin qu'elles puissent distraire, par
des lectures bien faites, les personnes confiées
à leurs soins.

Dès la formation, la bienveillance gouverne-
mentale fut, comme on le pense, acquise à une
œuvre d'une telle importance et se traduisit par
une subvention. Bientôt, espérons-le, elle sera
transformée en une sorte d'école normale, d'où
sortiront les sujets de choix qu'il nous faut
pour fonder les écoles d'infirmières provin-
ciales.

Rien de plus intéressant que d'assister à un
cours de la rue Amyot, de voir ce groupement
de jeunes filles attentives, au regard intelligent
(toutes celles qui y sont en ce moment ont leur
brevet supérieur ; quelques-unes ont même
poussé leurs études plus loin, et toutes appartiennent à d'excellentes familles), prenant des
notes, ne perdant pas une parole du médecin-
professeur ou du conférencier. Elles rivalisent
de zèle et leur souriante jeunesse, encadrée par
un décor pimpant, contraste avec les instruments de pansement et de bandage, avec le

mannequin, avec le tableau noir chargé de tra-
cés techniques, avec le professeur lui-même.

A travers la maison, tout est confortable,
hygiénique et coquet. Chaque interne y a sa
chambre et il vous semble y retrouver le milieu
des *Sévriennes* : bibelots et draperies y cha-
toient, voisinant avec le samovar et les tasses
à thé, faisant « bon ménage » avec les *bouquins*
très sérieux de nos jeunes nurses. Il y a un salon délicieux, une belle bibliothèque, une vaste
salle à manger, où l'aimable directrice préside
familialement aux repas. La salle des cours est
claire, spacieuse et donne sur une belle cour
ombragée par un grand arbre peuplé de moineaux.

Non seulement cette école forme des assistantes professionnelles, mais elle admet à ses
cours des jeunes femmes et des jeunes filles
soucieuses de leurs devoirs présents ou futurs
de mères de familles, désireuses de s'instruire
des soins à donner à leurs proches en cas de
maladie et de tout ce qui a trait à la gestation,
à l'accouchement, à l'allaitement, à la puériculture.

Que de maladies n'éviteraient pas autour
d'elles les femmes averties des règles d'hygiène!

Ecole des infirmières, le thé au salon.

Combien efficacement, en bien des cas, n'arriveraient-elles pas à aider à la réussite d'un traitement, si le médecin pouvait compter sur leur adroite et vigilante collaboration !

Un service d'assistance gratuite pour les familles pauvres est joint à l'école et il étend ses bienfaits en tous sens; aussi nos petites assistantes sont-elles bien connues déjà, surtout Rive Gauche de la Seine, où on les accueille partout d'un sourire, et loin sont les tristesses des débuts, de l'heure où, hostilement, les garnements du quartier cassaient les vitres, injuriaient la boîte soi-disant « huguenote », alors qu'elle est pourtant inconfessionnelle et de la plus pure, de la plus haute confraternité.

Sept cents membres bienfaiteurs, adhérents, donateurs sont venus se grouper autour de la dévouée bienfaitrice, pour l'aider non seulement à la réussite de l'Ecole, mais aussi pour favoriser l'essor du petit hôpital et de l'assistance gratuite, pour offrir à des élèves peu fortunées des bourses et des demi-bourses leur permettant de suivre cet enseignement à la fin duquel s'ouvrira, pour elles, une carrière honorable entre toutes.

Les Hôpitaux campagnards

Quand on parcourt les communes rurales, et que, par métier, l'on visite annuellement, ainsi que nous, des centaines de fermes et chaumières, l'on est frappé du manque de confort et d'hygiène — nous ne parlons même pas de propreté — qui règne partout, et l'on se dit que le soleil et l'air doivent être des microbicides bien efficaces, pour que les villages ne soient pas perpétuellement en proie aux épidémies les plus diverses, avec cet entassement des habitants couchant, parfois, par familles, de six et de huit personnes dans la même chambre.

Si, en la belle saison, la diane du coq les

éveille devant l'aube, les dispersant aussitôt à
travers champs, d'où ils ne reviendront qu'a-
près le coucher du soleil, en revanche, la mauvaise saison les tasse autour de l'âtre, dans
cette souvent unique salle qui sert de réfectoire, de cuisine et de chambre à coucher.
Comme les préjugés ancestraux entretiennent
en eux la crainte du courant d'air, -- voire
même de l'air, alors pourtant qu'avec leurs si
petites portes et fenêtres, qu'ils ont peur d'ouvrir, il n'en entre jamais beaucoup à la fois
dans leur habitacle, — on voit le danger de la
contagion quand un pauvre malade se languit
au milieu d'eux.

On voit, aussi, pour le patient, la presque impossibilité de se soigner et de guérir dans ce
milieu trop étroit, où le suffoqueront les âcres
odeurs de cuisine, où le bruit, les éclats de voix
l'empêcheront de reposer, où la rudesse am-
biante blessera son orgueil de terrien, fier de
sa force naguère, tant humilié de ne l'avoir
plus.

Le médecin, toujours appelé trop tard, a
bien conseillé l'hôpital, — même pour le
paysan aisé, qui pourrait y payer sa quote
part; mais c'est là-bas, au chef-lieu, et cette

grande caserne d'où l'on sort si souvent « les pieds devant », comme il dit en sa langue imagée, lui fait trop peur pour qu'il consente à y aller.

Il s'y décide pourtant forcément, quand il s'agit d'un cas de chirurgie et que le docteur lui a dit :

— Je ne suis que médecin et ne puis vous opérer; adressez-vous à un chirurgien.

Mais, il part la mort dans l'âme, se plaignant hautement d'aller servir de chair à études à messieurs les carabins. Et quoique vous lui puissiez dire pour raisonner ses terreurs et son dégoût de l'immense salle, où l'on assiste aux agonies voisines, vous ne le ferez pas revenir de ses appréhensions... qui ne sont pas toujours injustes.

Sachant cet état de choses, de bonnes âmes cherchèrent à y remédier et de leur initiative privée sont nés, ici et là, de petits hôpitaux campagnards, qui réalisent ce triple bienfait : donner aux malades des soins, de la propreté (ce facteur premier de toute guérison) et les laisser à portée de leur famille, de leurs intérêts campagnards.

Celui de ces hôpitaux que je citerai ici com-

L'Hospitalité de Ballan, entrée.

me le modèle du genre, c'est l'Hospitalité Salvador à Ballan, dans le département d'Indre-
et-Loire. Elle fut ouverte en novembre 1899,
et l'idée de sa création naquit dans ces deux
cœurs de femme, — la mère et la fille, — Mme
Salvador et Mme Brandon, comme complément
à l'œuvre d'affectueuse, de maternelle sollicitude qu'elles ont vouée aux habitants qui entourent leur château de la Commanderie.

L'Hospitalité de Ballan possède neuf lits qui
sont perpétuellement occupés. Elle a deux salles à trois lits (où l'on en pourrait mettre cinq,
s'il en était besoin) et trois chambres destinées
à recevoir des malades seuls, — opérés, —
malades à isoler, — tuberculeux, ou atteints
de cas douteux.

L'une des deux créatures d'élite qui fon-
dèrent cet asile étant décédée, Mme Salvador,
l'œuvre reste entièrement sous les auspices de
Mme Brandon, qui s'y est encore davantage
consacrée, en souvenir de la chère regrettée.

« - Ma petite Hospitalité, me dit-elle, ne
dépendant que de moi n'est soumise à aucune
règle. J'y reçois qui a besoin d'y entrer, —
ouvriers ou cultivateurs de Ballan, — pauvres
vieillards isolés, malades, ne sachant où aller

mourir tranquillement, bien soignés, — convalescents quittant l'hôpital de Tours, — petites ouvrières parisiennes anémiées, ayant besoin de six semaines ou deux mois de bon air, de repos et de bonne nourriture ».

Le petit hôpital de Ballan est gratuit, et Mme Brandon en assume tous les frais, sauf pourtant, dans le cas où des gens vraiment aisés, viticulteurs ou petits entrepreneurs ruraux, demandent à y être reçus. A ceux-là, selon leurs moyens, la journée de présence est taxée à 1 fr. 50 ou 2 francs.

La gratuité du médecin, de par la loi française sur l'Assistance médicale, étant accordée aux indigents, elle leur appartient donc de droit, qu'ils se fassent soigner à leur domicile ou à l'Hospitalité.

Pour les autres, qui paieraient aussi bien leur médecin à domicile, ils le paient également à l'Hospitalité, car le docteur de Ballan assume les soins de l'une et l'autre clientèle. Il est le premier, d'ailleurs, à mesurer la portée et à se féliciter des bienfaits de cette maison, qui lui permet de traiter ses malades avec combien plus d'efficacité que chez eux, — et même de faire de réels sauvetages, me dit la dévouée

L'Hospitalité de Ballan, jardin.

fondatrice. Il n'y ménage pas ses peines, d'ailleurs, ni son temps. Payé cinq cents francs par an, seulement, et plutôt comme frais de déplacement que comme honoraires médicaux, il donne ses soins à l'Hospitalité, non en fonctionnaire, mais en homme de science et en homme de cœur.

Une idée qui est à préconiser, non seulement à propos de la maison qui nous occupe, mais à propos de toutes les autres, et aussi des malades isolés, c'est celle de l'affiliation des travailleurs aux sociétés de secours mutuels, qui parent à cette ruine qu'est pour les petites bourses la maladie, en assurant à leurs sociétaires la gratuité du médecin et des médicaments.

L'un des plus beaux exemples que nous donne cette œuvre remarquable, c'est son libéralisme, qui n'est pas un vain mot. Fondée par des dames israélites et recevant indistinctement des malades de toutes les religions, elle est dirigée par des religieuses catholiques de la Présentation, qui s'acquittent de leur tâche avec un absolu dévouement, et en respectant les croyances de chacun.

De cette direction, Mme Brandon me dit encore :

— Je suis absolument satisfaite, plus que satisfaite, heureuse et touchée des résultats obtenus. Mère Magdeleine est une vraie mère pour tous ceux, malades, enfants, vieillards, qui passent à la maison. Catholiques, protestants, israélites, sont traités sans le moindre souci de leur religion qui est également respectée. Sœur Charles est une garde-malade experte, absolument adorée et ma petite converse une gentille cuisinière, désireuse seulement de satisfaire son monde par le régime... Quand on sait se servir des sœurs, leur ouvrir l'esprit, stimuler leur dévouement et leur bonté, *quels admirables instruments on a en mains!*

L'hospitalité de Ballan n'est pas seulement un petit hôpital modèle, il est un coquet asile ayant su conjuguer l'hygiène de pair avec la beauté.

Le réfectoire de l'Hospitalité a ses murs ornés de fresques et de panneaux représentant des vues de la Seine, du Port St-Raphaël, de divers châteaux de France, distrayantes et reposantes à la fois. Elles sont dues au pinceau de M. Henri Rouart, ingénieur émérite et artiste fervent, lequel, bénévolement, voulut con-

Fresques de M. Henri Rouard, à l'Hospitalité de Ballan.

tribuer, à sa manière, à l'œuvre de fraternité de ses amies de La Commanderie.

Quand nous aurons ajouté que l'Hospitalité de Ballan a plutôt l'air d'une coquette maison de campagne, posée dans les verdures, que d'un hôpital, — qu'elle est jusque dans ses moindres recoins tenue avec une « lumineuse » propreté, que le doux soleil de la Touraine la baigne de rayons, côté façade et côté jardin, qu'elle possède une belle salle d'hydrothérapie dans un pavillon à part, on ne s'étonnera pas d'apprendre qu'elle fait l'admiration de tous les médecins qui la viennent visiter, et qui désirent pour leurs communes une aubaine pareille.

Hélas! les cœurs généreux comme ceux de Mesdames Salvador et Brandon n'abondent pas... puis, l'idée est encore neuve! mais elle répond à un tel besoin qu'elle mérite l'essor rapide qu'elle ne peut manquer d'avoir. Espérons qu'il viendra un jour où l'Etat, comprenant l'immense bienfait que peuvent être les petits hôpitaux ruraux pour l'hygiène et la santé publique, trouvera moyen d'en créer comme complément tout naturel à l'Assistance médicale.

Ils seront, ces hôpitaux, non seulement le lieu où l'on soignera les malades, mais l'école où l'on décortiquera, si je puis m'exprimer ainsi, les vieux préjugés des rebouteurs, des matrones, qui tuent et estropient plus de gens qu'on ne croit, et nous acheminera vers une ère où les hommes n'auront plus autant de maux à guérir, sachant les écarter.

Pour ceux qu'intéresse le va-et-vient des hospitalisés, disons qu'il y a une moyenne de 2,000 journées de malades par an. Le chiffre des hospitalisations de ce petit hôpital fut, en 1900, de 73, en 1901 de 64, en 1902 de 44. L'année 1903 en compte déjà 52 jusqu'en octobre.

Un Asile de Convalescence

Il y a peu de jours, j'accompagnai une pauvre mère venant, à un hôpital d'enfants, chercher son tout petit, guéri d'une diphtérie qui avait failli l'enlever.

Dans les couloirs, attendant que fût signé le bulletin de sortie de mon petit protégé, j'allais et venais, observant les départs des autres mères portant, enfouis en de vieux châles, dans des couvertures de laine, les petits convalescents. Toutes ces frimousses d'enfants restaient pâlottes, attristées, avec un regard comme éteint, tandis qu'émergeaient des hardes — dont quelques-unes malpropres — de petites mains maigriottes, exsangues.

Le matin même, j'avais vu porter, d'un coquet hôtel de Passy dans une voiture bien
chauffée, un petit convalescent riche, autour
duquel s'affairaient un papa, une maman, une
grand'mère, deux domestiques... Il partait pour
Nice, celui-là! humer, sous les caresses du soleil, un air tiède et parfumé, qui allait parfaire
sa guérison.

Et, douloureusement, je comparais la convalescence de ceux qui sortaient, là, de ce porche
d'hospice, avec celle du petit être heureux et
choyé. Ils allaient rentrer dans un triste taudis
à l'air raréfié, les petits miséreux, boire un lait
chichement mesuré, falsifié peut-être, étirer
leurs membres alourdis par les fièvres dans un
lit de propreté douteuse ; et leur mère, travaillant du matin au soir, ne leur pourra, sans
doute, pas même donner la joie d'une quotidienne promenade au parc voisin, ou au square
le plus proche.

Les maisons de convalescence pour enfants sont si rares, chez nous, que c'est à
peine si un cinquième de la population infantile passant par les hôpitaux, y peut être
reçue. Aussi n'y envoie-t-on que les plus affai-
blis d'entre eux.

Dans la disposition d'esprit où je me trouvais, fut donc la bienvenue la communication qui me fut faite par un docteur, dans la soirée, au sujet d'un vote du Conseil municipal de Paris, qui venait d'approuver le projet de construction d'un asile d'enfants convalescents, à Brévannes, et consacrait à son édification une somme de 500,000 fr.

Dès le lendemain, je m'en allai aux nouvelles pour connaître les conditions primordiales ayant accompagné le vote. — Ce sont les suivantes :

1° L'établissement ne comportera qu'un bâtiment d'administration centrale d'où rayonneront tous les services.

2° Les escaliers ne seront pas extérieurs. Ils seront placés aux extrémités des pavillons à construire. Un escalier central sera consacré aux services.

3° Les water-closets du rez-de-chaussée seront également placés aux extrémités des pavillons et isolés à proximité des cours et promenoirs.

4° Les bains seront éloignés des réfectoires.

5° Il en sera de même des dépôts de linge sale.

6° Le magasin sera aéré et éclairé.

7° Les water-closets ne seront pas placés à proximité des lavabos.

8° La construction de chaque pavillon sera faite en briques blanches parsemées de briques colorées.

Les couvertures seront en tuiles avec grands auvents à l'italienne, de façon à protéger les fondations.

9° Chacun des trois grands pavillons à construire devra contenir 60 lits d'enfants, avec 6 mètres de surface de dortoir pour chaque occupant et un cube d'air de 24 m. par convalescent.

10° La dépense des constructions ne dépassera pas 340,000 fr., le matériel 50,000 fr. et le prix du terrain 110,000 fr.

Après l'achèvement des travaux, le Conseil votera, pour l'entretien du nouvel Asile de convalescence, une subvention spéciale à déterminer. La dite subvention devra être prélevée sur les disponibilités du budget de l'exercice en cours.

J'ai appris, en outre, que le jardin — et c'est tant mieux — jouera, avec ses préaux couverts, un grand rôle dans cet asile où iront reprendre des forces les pauvres petits Parisiens anémiés par une grande maladie, et qu'on les pourra, à, remettre complètement debout, car, à l'excellent air de Brévannes, facteur premier de convalescence, on adjoindra la suralimentation.

Je demandai également si la construction allait être aussi jolie que celle des hôpitaux d'enfants parisiens de fondation récente.

On m'en donna l'assurance, mais sans pouvoir me dire — et, c'est peut-être, là, ce qui m'intéressait le plus — si les murs des salles seraient ornés de fresques, de panneaux décoratifs.

Si je suis la première à blâmer l'érection de bâtiments coûteux, où la cherté de l'exécution arrive à diminuer le nombre des lits, je suis aussi la première à réclamer — sentimentalité à part — l'abolition de la nudité sépulcrale des murailles dans les salles d'hôpitaux, nudité qui a une influence de tristesse sur les malades, comme j'ai pu m'en rendre compte d'après les confidences de beaucoup d'entre eux.

Dernièrement, une malheureuse femme, atteinte d'une maladie incurable du larynx, et qui passa par la salle Huguier à l'hôpital Broca, me disait son désir d'y retourner au plus vite, se sentant reprise de son mal.

Par formalité administrative, le médecin du service à domicile, qui la visitait dans son taudis, ne pouvait que l'envoyer à l'hôpital Beaujon, les quartiers de Paris étant soumis à des circonscriptions hospitalières, dirigeant les malades sur les hospices les plus proches de leur logis.

— Oh! Dieu! je ne veux pas aller à Beaujon, me disait-elle, ces murs ternes et froids, c'est comme déjà la tombe : tandis qu'à Broca, dans *la salle des oranges,* c'est le paradis! On suit des yeux les jolies guirlandes peintes et rien que de voir les fruits et les feuilles, il me semble que la fièvre s'apaise, et aussi la soif, la terrible soif, qui me fait tant souffrir!

Broca est une merveille d'installation à la fois scientifique et luxueuse. Pozzi, le grand chirurgien, rêva cet hôpital, séduisant au possible, car il admet la Beauté comme adjuvant de la guérison.

Sur les murs de ses salles, c'est une floraison de rêves aux tons clairs, comme estompés de tendresse, rêves réalisés par des pinceaux comme ceux de Dubufe, de Clairin. Cette salle Huguier dont parlait la malheureuse susnommée, et que d'autres encore me citèrent avec

admiration et reconnaissance, est, en effet,
toute de lumière et d'apaisante sérénité ; les
guirlandes d'orangers, chargées de fruits d'or,
qui la parsèment restent dans le souvenir de
toutes les malades qui passèrent par là.

Si ces quelques créations d'artistes, meublant
le vide terrifiant des salles d'hôpital, donnent
à l'âme des adultes un peu de calme, amènent
en leurs cauchemars de tristesse, d'effroi, un
apaisant *leit-motiv* d'art et de tendresse, quel
rôle plus important encore ne joueront-ils pas
dans les hôpitaux des tout petits, qui, si facilement, s'enfièvrent, ou se calment ?

Avec de la joie (j'en ai fait maintes fois l'expérience au milieu de ma propre nichée), on
guérit presque autant les bébés qu'avec les
remèdes.

Une dame charitable allant toutes les semaines visiter les enfants malades, me contait
l'arrivée à l'hôpital d'un garçonnet très fié-
vreux, pleurant inconsolablement et demandant
à retourner auprès de sa maman.

Doucement, la visiteuse patronnesse s'appro-
cha de lui, l'amadoua, le fit causer, ce que
n'avait pu — de toute la journée — obtenir
l'infirmière. Il s'enhardit jusqu'à lui demander

à écouter sa montre, voulut voir les aiguilles
bouger.

Posant sa main sur la tête de l'enfant la dévouée jeune femme, à laquelle la maternité
était refusée, lui dit :

— Tu serais donc bien content d'avoir une
montre, petit Jacques ?

Les yeux du gamin d'abord s'ouvrirent en
une grande stupeur, puis brillèrent avec encore
plus d'éclat.

— Oh! oui, put-il enfin articuler, si content!

— En ce cas, je te la promets, mais à une
condition, c'est que tu ne vas plus pleurer du
tout, et te laisser soigner, car si tu continues à
réclamer ainsi ta maman, à te découvrir, il n'y
a pas de guérison possible. Ta montre, je vais
l'acheter dès ce soir, mais tu ne l'auras, demain,
que si l'on m'affirme que ta nuit a été calme.

— Pour de vrai, Madame, vous me l'appor-
terez, ma montre, si je dors!

— Pour de vrai! répondit en souriant la
jeune femme.

Il se pelotonna au milieu du lit, tenant entre
les siennes une des mains de la visiteuse, ferma
les yeux. Petit à petit, sa respiration devint

plus égale, la chaleur fiévreuse diminua et il s'endormit, un sourire aux lèvres.

Grand fut l'étonnement de l'interne, en trouvant, à sa visite du soir, l'inquiétant malade aussi calme, et plus grand encore, le lendemain, l'étonnement du docteur, en le voyant s'acheminer vers la guérison.

Comme il n'était pas — ce docteur — un pontife infatué de ses propres lumières et déclarant, comme d'aucuns de ses confrères, que tout salut résidait en lui seul, il ratifia tout bonnement la cure de la dame patronnesse.

Quant à cette dernière, elle renouvela, depuis, bien des fois, l'expérience, et en obtint souvent le même résultat. Un médecin qui fréquente chez elle, et qui est quelque peu versé dans les sciences occultes, prétend qu'elle ajoute à la joie faite à l'enfant, la toute puissance d'une force magnétique agissant sur les petits malades comme une sorte d'hypnotisation.

Je veux bien le croire, mais je crois davantage encore à la *joie curative* chez l'enfant, sujet d'excessive sensibilité, — dont la sensibilité s'accroît encore en l'état de maladie.

Et voilà pourquoi je rêve autour des petits, dans les hôpitaux et asiles de convalescence, le charme des images murales, coupant, d'un intérêt apaisant, les longues heures d'ennui et de souffrance, donnant à leurs songes un *leit-motiv* de sérénité champêtre.

Espérons que la maison de Brévannes les en dotera!

Esculape cuisinier

Esculape lui-même, non, mais l'un de ses plus fervents disciples, le docteur Blum, de Gladbach, en Allemagne, vient de casser un œuf à la Christophe Colomb, que ses confrères auraient bien dû s'aviser de casser plus tôt.

Il a découvert que, mieux que toute précaution pharmaceutique, une préparation culinaire appropriée à l'état du malade ou du convalescent, peut hâter la guérison.

Pour cette première partie de notre exposé, peut-être pourrons-nous trouver au susdit médecin des précurseurs. Mais, pour la seconde, je n'ai jamais ouï dire qu'il en existât.

La voici : M. le docteur Blum a fondé dans

sa patrie une « Société pour le traitement des malades et des convalescents ».

Cette association a pour objet principal la distribution d'aliments appropriés aux malades et aux convalescents qui appartiennent aux caisses de secours mutuels et d'assurances.

Dès que ses ressources le lui permettront, elle étendra ses distributions aux malades indigents.

Dans la revue *Gemeinwohl*, le docteur Blum publie une étude documentée à ce sujet, en laquelle nous relevons les idées suivantes :

Il faudrait, pour le traitement des malades soignés à domicile, créer des cuisines spéciales, dont des praticiens hygiénistes auraient la surveillance.

Ainsi que dans les hôpitaux, trois catégories d'aliments y seraient préparés.

La première serait le régime de la fièvre; la seconde, sous le nom de *nourriture légère* comprendrait des aliments facilement digérés et assimilés; la troisième, ou *nourriture réconfortante*, se composerait de bouillon, de bœuf et de veau rôti, de jambon, de volaille, de poisson, d'œufs, de lait et de féculents.

Toutes les matières premières destinées à

ces régimes, seraient sévèrement analysées et
contrôlées, pour déjouer toute fraude, toute
sophistication.

Les viandes seraient cuites au gril ou au
four, les coulis et les condiments irritants
absolument bannis. Quant aux légumes, ils
devraient être fournis en ligne directe par des
maraîchers, afin de leur éviter toute contamination dans les marchés ou dans les fruite-
ries.

Tout cela est fort bien, en effet, et la société
naissante va essayer de le mettre en pratique.

Mais, hélas! son influence bienfaisante ne
rayonnera que sur un nombre fort limité de
sujets, alors qu'il y a tant de malheureux
ouvriers qui manquent, — non seulement d'une
nourriture appropriée à leur état pathologique,
— mais bien de la ration de pain qui les empê-
chera de mourir demain, ou de devenir après
demain une proie pour la tuberculose.

Et encore, en ce champ d'action restreint,
où vont opérer l'expérimentation et l'apostolat
du docteur Blum, parmi les adhérents des
caisses de secours mutuels et des sociétés d'assurances, qu'arrivera-t-il chez les pauvres gens,
lorsqu'à l'heure des repas, la voiture stérilisée

du restaurant hygiénique s'arrêtera à la porte
de l'ouvrier ?

Il arrivera que les regards des enfants assis,
eux, devant un maigre plat de légumes, se por-
teront, envieux, vers le panier d'où s'échappe
un fumet odorant.

Et le malade, — père ou mère de famille — en
partagera le contenu avec eux. Spectacle qu'il
me fut plus d'une fois donné de constater dans
des intérieurs indigents, lorsqu'il arrivait quelque
délicate nourriture envoyée par des protecteurs
ou des amis à l'intention du malade.

Alors, que faire ?

Cantonner, jusqu'à un état social meilleur, le
malade en voie de guérison dans des maisons
de convalescence, quand il est chargé de famille
et notoirement miséreux, car le spectacle de sa
nichée privée du nécessaire sera, pour lui, au
moins aussi funeste que le manque de nourriture
réconfortante.

Il aura le pieux mensonge des siens, qui lui
diront, lors de la visite du jeudi ou du dimanche,
lors même qu'ils auront l'estomac creux : « Nous
avons travaillé un peu, il y a du pain dans la
huche ; aussi ne songe plus qu'à te remettre, à
présent ! »

L'autre adjuvant guérisseur — non moins essentiel — qu'il aura dans les maisons susdites, c'est l'air et la propreté, si son logis à lui est étroit, encombré de lits d'enfants qui se touchent et difficilement aéré, situé peut-être même au fond de quelque ruelle ou de quelque cour très sombre, et, qui sait ? humide.

Les premiers pas de sa convalescence, il les fera plus que probablement dans un jardin ombragé, moins encombré de promeneurs et plus silencieux que le square public proche de sa demeure, car, presque toujours, pour ne pas dire toujours, — les maisons de convalescence sont bâties hors de ville, et agrémentées de vastes parterres, de bocages touffus.

Bien entendu, l'idéal serait que chacun puisse être soigné au milieu des siens, dans une demeure saine, toutes les fois qu'il n'y aurait pas maladie contagieuse, ni opération chirurgicale compliquée.

Mais l'hygiène et la solidarité n'ont pas encore assez évolué pour cela.

Peut-être plus tard, de progrès en progrès, arriverons-nous à comprendre que la toute première chose qu'il faudra enseigner dans les écoles, c'est la *science de la vie*, l'exacte con-

naissance de la *plante humaine* — si j'ose
m'exprimer ainsi — pour arriver à une époque
où l'on n'aura plus autant de maux à guérir,
parce que la connaissance de l'hygiène aura
permis *de les prévenir.*

De ce côté, les idées sont en marche. Pour
l'hygiène générale, la *préservation du terrain*
est la partie essentielle.

On peut lui appliquer ce que le Dr Tison,
médecin en chef de l'hôpital de Saint-Joseph,
disait à propos de la tuberculose, au sujet de
laquelle il place au-dessus de toute prophylaxie
du germe, la prophylaxie du terrain :

« Quel est donc, dit-il, le sol dans lequel se
développe le bacille de Koch ? C'est le sol
affaibli, le sol misérable, c'est le sol appauvri,
c'est le sol défectueux dans lequel les humeurs
et les liquides de l'économie ont perdu leurs
propriétés normales, leurs propriétés physio-
logiques.

Comment s'obtient ce sol, comment se
prépare-t-il ?

Par le surmenage, la fatigue, la privation de
sommeil, les excès de toutes sortes, les logements insalubres, l'alcoolisme, la mauvaise
alimentation, que cette dernière soit insuffi-

sante ou composée d'aliments altérés, frelatés ou malsains. Peu importe que ces altérations soient accidentelles ou criminelles! »

Par l'étude de ces questions, on est arrivé à comprendre en France la nécessité de cette loi si belle sur la santé publique, récemment votée et depuis tant d'années vaillamment préconisée et préparée par M. Henri Monod, le directeur dévoué autant que compétent de l'Assistance publique.

Espérons qu'elle arrivera à démolir les logements insalubres, entrant bravement en action, à présent qu'est close la période oratoire.

L'Œuvre libératrice

Au moment où Paris en liesse fêtait le centenaire de Victor Hugo, l'*Œuvre Libératrice*,
fondée par Mme Avril de Sainte-Croix, tenait sa
première assemblée générale à la mairie de
Passy, sous la présidence de M. le Dr Marmot-
tan, maire du XVIme arrondissement.

Pour nos lecteurs qui ne connaîtraient pas
encore le fonctionnement de cette œuvre, où
Fantine se vient purifier de sa vie de malédic-
tion, nous allons exposer ici un aperçu de son
fonctionnement et dire l'histoire de son éclosion.

Son but, le voici : donner aux pauvres filles
sombrées dans la prostitution, — aux jeunes
surtout, entraînées par la misère et la fatalité,

Mme Avril de Sainte-Croix, fondatrice de l'Œuvre libératrice.

et non endurcies encore, — qui ont pour la
plupart la nausée de leur abominable métier,
qui sont souvent des victimes avant que d'être

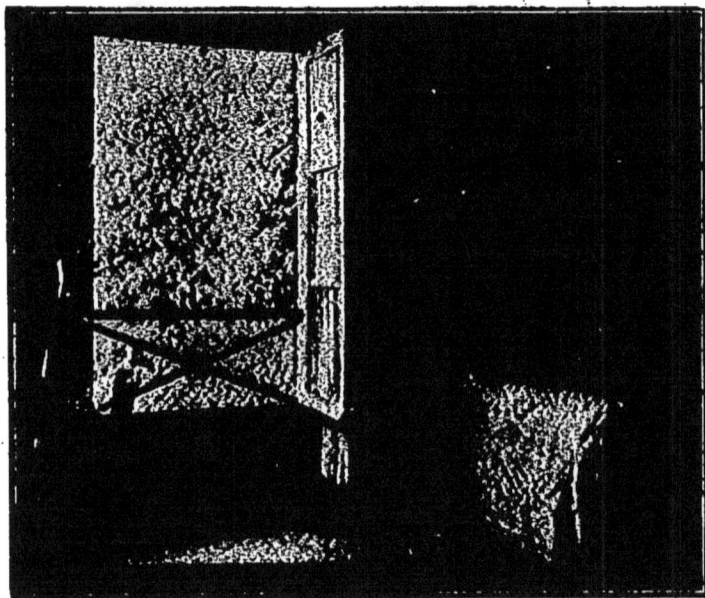

Une chambre de pensionnaire

des coupables, le moyen de se libérer de leur
esclavage et de devenir aptes à gagner leur
pain.

A cet effet, elle met à leur disposition, dans
une familiale et claire demeure, une chambre
où elles seront chez elles, un atelier où elles
pourront se constituer un trousseau, apprendre

à coudre, et elle leur offre sa généreuse entremise pour leur trouver — alors que sera parfaite la transition entre leur vie d'hier et celle
de demain — un emploi honorable, un appui
moral, grâce auxquels elles pourront persévérer
dans leur nouvelle voie.

Dans cette maison d'Auteuil qu'aucun signe
extérieur ne révèle à l'attention du passant,
avec son jardinet coquet où les pensionnaires
vaquent en liberté aux travaux de la maison,
dans ce home, où on les admet même avec
leur enfant, les soins d'hygiène et de propreté
sont des plus minutieux, la nourriture est saine
et abondante, la direction maternelle avant
tout.

Nulle rétribution n'est exigée de ces femmes,
hospitalisées dans toute l'acception généreuse
de ce mot. Si, ailleurs, elles paient leur pension
en effectuant des travaux de lingerie, ici, elles
ne travaillent que pour elles, et, la seule chose
qu'on leur demande, c'est de participer aux
travaux du ménage, que l'unique employée
secondant la directrice — à la fois surveillante
et cuisinière — ne pourrait assumer à elle
seule.

***

Le jardin du home.

Comment naquit cette œuvre?

Elle naquit de l'initiative unique de sa fondatrice et fut comme le couronnement de la cam-

pagne de presse, par elle entreprise sous le pseudonyme de Savioz, en faveur de l'abolition de la réglementation de la prostitution, et dont le principal article, intitulé *La Serve*, a eu un retentissement des plus importants dans toute la France, où la question de l'abolitionisme piétinait sur place depuis des années.

Comme Mme Avril de Sainte-Croix nous faisait part, ainsi qu'à d'autres abolitionistes, de son désir très grand de fonder un refuge où les pauvres Fantines pourraient trouver asile, nous disant qu'en Angleterre, les maisons de ce genre furent la première étape vers l'abolition de la réglementation, nous hésitions à l'encourager dans ce dessein, car mille craintes nous venaient harceler, nous faisaient douter de la réussite.

Vaillante, persévérant malgré tout dans son projet, elle nous répondait par la noble parole d'Emilie de Morsier, qui devait avoir, plus tard, sa place au fronton même du programme de l'œuvre :

« Et pendant que tout cela se passe, pendant que les cris, les larmes de ces malheureuses, de ces enfants, déchirent nos cœurs, nous étouffent d'indignation et de colère, on nous dit d'attendre !...»

Le home de l'Œuvre liberatrice.

Du reste, laissons-la parler elle-même, citant ce qu'elle disait à un visiteur de marque, dont le bel article, dans l'*Eclair*, au lendemain de l'Assemblée générale, fit sensation parmi ce public parisien, hier encore réfractaire à nos idées, aujourd'hui tout à fait conquis à l'œuvre :

« J'ai commencé étourdiment, sans subsides, comptant sur la Providence qui ne m'a pas fait défaut tout à fait. J'ai loué un hôtel : les uns et les autres l'ont meublé ; les protégées sont venues. On disait que je voulais réaliser l'impossible et que je n'aurais que des déboires. On ne comprenait pas que je ne m'adressais qu'à une élite, dans cette classe si nombreuse des prostituées, que mon projet était d'aider à se relever, non les endurcies, mais les toutes jeunes, qu'une fatalité jette au trottoir et qui en ont assez de leur abominable vie... Elles ont la tare, on les repousse... Nous, nous les prenons, toutes portes ouvertes : nous ne les grondons pas, nous ne les chapitrons pas ; nous ne leur faisons pas honte de leur passé ; nous leur montrons un avenir meilleur dans le travail et la vertu. »

Elle avait raison, et nos hésitations, nos inquiétudes, se sont aujourd'hui muées en admiration, car les résultats ont dépassé toutes les espérances.

En cette année première de la fondation, 32 femmes furent reçues dans la maison d'Auteuil.

Sur ces 32 pensionnaires, 5 sont retournées dans leur famille, 4 ont été placées comme ouvrières, 4 comme domestiques, 1 comme infirmière. Les autres, sauf trois — l'inévitable déchet, ici des plus minimes — sont encore à l'asile ou ont été rapatriées.

N'est-ce pas encourageant ?

Sur ces trente-deux femmes, que de faits instructifs et touchants à enregistrer, que de choses à dire ! Un volume n'y suffirait pas.

Parmi celles qui sont encore à l'asile, l'une, saine et forte fille, toute jeune, attend un bébé : on a pensé faire d'elle une nourrice.

— Oh ! non, a-t-elle répondu, je préfère travailler double et garder mon enfant. Je resterai sûrement honnête, si, la nuit, j'ai près de moi un petit être que j'aime ! »

Une autre qui avait passé par les plus tristes aventures, est arrivée à l'Œuvre avec un bébé d'une quinzaine de jours à peine. Mineure comme la première, et repoussée par sa famille, elle se trouvait dans une misère affreuse. Mais son cœur de mère avait parlé, elle préférait se soumettre à la vie la plus dure, plutôt que de reprendre son triste métier. Elle demanda à baptiser son petit, et aussitôt l'on accomplit

son désir. Le bébé eut pour marraine Mme Oster
et pour parrain M. Avril de Sainte-Croix. Les
cadeaux et une layette douillette ne lui manquèrent pas; il y eut abondance de dragées,
collation extraordinaire et fête pour toute la
maisonnée. La jeune maman, provisoirement,
travaillait comme blanchisseuse dans un lavoir
voisin, confiant son bébé à la crèche. On vient
de lui trouver une place de nourrice à la pouponnière de Mme Charpentier, où elle pourra
conserver près d'elle son petit, continuer à le
nourrir partiellement.

Celle-là fut, grâce à l'Œuvre, sauvée par sa
maternité. Si elle avait continué à errer sans
secours et sans domicile, comme après sa sortie
de l'hôpital, elle aurait, comme tant d'autres,
abandonné son enfant, et serait — poussée par
la faim — retournée à son triste gagne-pain
précédent.

Une autre encore, appartenant à une honorable famille, a été, après un stage à la maison
d'Auteuil, reçue par les siens comme l'enfant
prodigue, et son père écrivit à la présidente une
lettre des plus touchantes.

Donc, l'Œuvre a fait ses preuves, l'expérience
a été concluante. Fantine peut être sauvée si

l'on veut bien lui tendre une main secourable, lui rendre le goût du travail, ne pas l'humilier, mais l'absoudre et la relever dans sa propre estime.

* * *

Dans cette sanction de l'Œuvre libératrice, sanction d'un nouveau mode de relèvement, nous nous demandons ce qu'il faut admirer le plus.

Est-ce l'énergie et le génie d'organisation de sa présidente, le dévouement de ses collaborateurs, l'activité précieuse de la secrétaire générale et de la secrétaire des séances, Mlle Brondgeest, fille d'un éminent docteur hollandais, laquelle prodigue ses soins à l'Œuvre avec une abnégation, une charité dignes de tous éloges?

Est-ce le résultat des relèvements obtenus?

· Est-ce le merveilleux courant d'approbation, réunissant autour du sauvetage de Fantine des gens des opinions les plus diverses, les faisant communier en un élan de fraternité, de justice, en un complet oubli de leurs désaccords d'hier... si bien que nous relevons sur le registre des donateurs, côte à côte, les noms d'Alfred Dreyfus et du député Lucien Millevoye. Preuve tangible, certes, de l'utilité de cette œuvre unique en France.

Pour cette première assemblée générale, déjà, la salle était trop petite, et pourtant, vu les solennités du Centenaire de Victor Hugo, vu la réunion des Sauveteurs de la Seine, qui se tenait en même temps à la Mairie, beaucoup d'adhérents et d'admirateurs de l'Œuvre avaient été empêchés de venir.

Tour à tour, M. le Maire de Passy, M\ᵐᵉ Avril de Sainte-Croix, M. A. de Morsier, Mᵐᵉ Pégard prirent la parole.

Sur l'estrade se pressaient autour de la dévouée présidente, les membres du bureau, les membres du Conseil et du Comité de patronage, parmi lesquels Mˡˡᵉ Sarah Monod, qu'on retrouve partout où il y a du bien à faire et un courant de justice à créer.

Dans la salle, nous reconnaissons: Mᵐᵉˢ de Grandfort, Jane Marni, de Morsier, Risler-Kœchlin, Pauline de Grandpré, Dupuy, inspectrice générale des prisons, Bonnevial, membre du Conseil supérieur du travail: MM. Bonnet-Maury, Mathias Morhardt, Henri Monod, directeur de l'Assistance publique, conseiller d'Etat, Pelletier, d'Escanis, Grosseteste-Thierry, colo-

nel Cordier, professeur Schulhoff, de l'Obser-
toire, le grand rabbin Zadoch-Kahn, le pasteur
William Monod, M. Jules Hoche, l'éminent pu-
bliciste, Ferdinand Dreyfus, de la Commission
supérieure des prisons.

*
* *

Parmi les lettres d'excuse arrivées, nous relevons notamment celle, très élogieuse pour
l'Œuvre, de M. Léon Bourgeois, qui lui accorde
son entière sympathie, et, celle, vraiment admirable, de M. le Président Magnaud. Nous ne
résistons pas au désir d'en citer un passage :

« S'il fallait distinguer et créer une classifi-
cation morale des œuvres d'assistance, je met-
trais au premier rang celles qui, sans s'émouvoir d'échecs pareils, poursuivent la régénération
des consciences. La difficulté même de leur
tâche doit être leur meilleur titre à l'admiration
et à la sympathie. »

Nous espérons fermement que cette œuvre,
indépendamment des sauvetages qu'elle a et
aura à son actif, — fera faire des progrès importants à la question de l'abolitionnisme en
France. Nous espérons aussi qu'elle essaimera
dans toutes les grandes villes de notre pays.

Déjà, elle a trouvé grâce devant l'opinion publique, hier encore révulsée d'horreur à l'idée de tendre la main aux femmes tombées, — les magistrats et les médecins la défendent et la secourent, — la police, elle-même, lui envoie les filles mineures ramassées au cours des râfles, et qu'on peut, ainsi, sauver de la mise en carte.

Le sillon est tracé, la bonne semence de pitié y pourra lever haute et drue.

La Maison du travail

M. Magnaud, décidément, fait école. Depuis
que, flamboyant, son verbe humanitaire, se répète d'écho en écho dans toute la France, nous
assistons, parmi la corporation des magistrats, à
une véritable éclosion d'apôtres. Rivalisant de
zèle avec les conclusions célèbres du président
de Château-Thierry, ce sont les circulaires de
M. Bulot qui hâtent l'évolution de l'ère nouvelle,
les œuvres de MM. Albanel et André qui nous
démontrent les tendances pitoyables de dame
Thémis, lasse de sa séculaire sévérité et laissant
couler dans son cœur une tendresse — jusqu'ici
insoupçonnée — pour l'humanité douloureuse.

Posant son glaive à côté d'elle, la vieille dame

s'avisa, un jour, d'expertiser les poids de sa ba-
lance, se demandant si d'aucuns n'étaient pas,
par hasard, de mauvais aloi... et, au cours de ses
recherches, elle trouva bien des choses. Si bien
qu'elle insuffla à ses représentants, les magistrats, un esprit tout nouveau, qu'il est utile de
souligner.

Aujourd'hui, il est tenu compte des mobiles
qui firent agir le criminel, de ses tares physiques,
de sa dégénérescence. Tel qui, dans un cas analogue, au siècle dernier, relevait du bourreau, ne
relèvera plus à présent que du cabanon, ou de
l'hôpital, car les lumières de la pathologie, de
la psychologie, nous ont donné une conception
bien plus large et plus humanitaire de la justice... Il semble que planent, sur les peuples qui
s'essaient à la solidarité, balbutiant le langage
d'amour, les deux plus admirables paroles dites
sur la terre et tombées de la bouche du Christ :

Aimez-vous les uns les autres !

*Que celui qui n'a pas péché, lui jette la
première pierre.*

Les comprendre, les admirer, n'est-ce pas
faire le premier pas vers la justice?

Et, ils les ont comprises, ceux qui, chargés de
punir, se sont penchés, le cœur plein de pitié,

vers les prévenus, qui leur ont tenu compte des affres de la faim et du froid, des tares dues à une ascendance alcoolique ou dégénérée.

Ils les ont comprises, ceux qui se sont venus grouper autour de M. le juge d'instruction André pour la fondation d'une *Maison du travail*, où l'on tâchera de ramener à une vie de rénovation, — grâce à un asile momentané, un appui secourable, — les vagabonds, les mendiants, non encore dégradés par les promiscuités des prisons et des maisons dites de correction.

Dans cette *Maison du travail* seront recueillis, non seulement des libérés ayant encouru des condamnations légères, pour vagabondage et mendicité, mais bien aussi, s'ils en font la demande, des malheureux, exempts de toutes condamnation, pauvres hères désemparés, tombés aux derniers échelons de la misère.

A ce foyer hospitalier, où ils pourront se refaire par une nourriture abondante et saine, ils reprendront l'habitude de la discipline et du travail, pourront s'assurer un pécule suffisant pour recommencer une nouvelle existence et seront assurés de la protection des membres de l'association, qui feront tout leur possible pour procurer à leurs *sauvetés* une petite situation en harmonie avec leurs forces et leurs aptitudes.

Les initiateurs de ce projet sont : MM. André, juge d'instruction (qui a déjà fondé à Chartres une œuvre analogue), Pacton, Rome et Siben, substituts.

Ils ont soumis leurs travaux à M. Bulot, procureur général, qui accueillit leur projet avec enthousiasme et a, d'ores et déjà, pris l'œuvre sous son puissant patronage. Une assemblée générale a réuni au Palais de Justice, sous la présidence de M. Bulot, assisté par M. le procureur de la République Herbeaux, tous les membres du parquet de la Seine.

M. Rome leur a précisé le but et l'organisation détaillée de l'œuvre à créer. Aussitôt fut constituée une commission de douze membres, ayant pour mission d'étudier les plus prompts moyens d'arriver à l'établissement de ce refuge.

Des plans ont été jetés, déjà, arrêtant le détail des frais d'installation, les dépenses annuelles, et l'on espère que, d'ici peu de mois, la *Maison du travail* sera organisée sur des bases sérieuses, durables.

Pour comprendre la pente qui incline l'ouvrier vers le vagabondage, il suffit de venir quelques matins de suite *place de Grève*, l'endroit où piétinent à Paris, de longues journées durant, attendant l'*embaucheur*, les ouvriers en chômage.

Ceux qui ont quelques pauvres économies, les ont tôt absorbées, et, de jour en jour, on lit sur leurs visages ravagés, où la barbe se met à pousser, inculte, la détresse grandissante. Bientôt c'est à jeun qu'ils se joignent au troupeau silencieux des expectants, et, si persiste le chômage, tout leur linge, tous leurs habits suivront la montre au Mont-de-Piété, ou chez le brocanteur...

Quand viendra l'âge, que la chevelure grisonnante indiquera la diminution des forces — à présent surtout que la loi sur les accidents du travail a mis les patrons en défiance — le chômage ira s'augmentant, et les longues journées sans pain, avec les stations humiliantes sous les porches où se distribuent les *soupes populaires*, les courtes haltes aux asiles de nuit, petit à petit, prépareront le « manœuvre à la journée » à glisser au vagabondage, à la mendicité, tout naturellement, sans secousse.

Comment pourrait-on lui en vouloir, au malheureux! Ne dépensa-t-il pas, durant ses stériles attentes, un courage surhumain, dont aucun de nous, peut-être ne serait capable? N'eût-il pas, passant le ventre creux devant la boulangerie appétissante, une patience, une philosophie dignes d'éloges ?

Que lui parlons-nous alors de dignité, d'amour-propre, d'orgueil ?... Ah! il est tout excusé d'avance, si, vers l'aumône se tend sa main.

Et c'est là ce que se sont dit les promoteurs de la *Maison du travail*. Essayons de les garer du chômage, donnons leur du pain d'abord, du travail ensuite, ramenons-les dans le giron de la société, au lieu de les laisser vivre en marge de l'humanité, si l'on peut s'exprimer ainsi, et courir à une révolte certaine, à la haine de leurs semblables.

Ils ont créé, ainsi, comme, un codicile nouveau à la *loi du pardon*, et jamais ils ne comprirent mieux leurs devoirs de magistrats. Grâces leur en soient rendues.

Un Asile temporaire pour femmes

Il y a quelque treize ans, une femme [1] aussi
généreuse que modeste, ayant constaté, — dans
le quartier populaire de Belleville, — à 'Paris,
le nombre terrifiant de femmes sans asile qui
pullulaient dans la grande cité, — roulant sou·
vent de la misère au vice, conçut le projet de
tendre, au moins à quelques-unes de ces tristes
épaves de la vie, une main secourable. Dès que
ce projet eut germé dans son cœur, il ne lui
laissa aucun repos. Immédiatement, elle se mit
à l'ouvrage, et grâce à une activité *lucide*, grâce
à une foi d'apôtre, elle réussit à ouvrir, en jan·
vier 1888, un asile temporaire, au n° 48 de la

[1] Elle m'a défendu de citer son nom.

rue de la Villette, où, tout de suite, une quinzaine de femmes trouvèrent asile. Et, depuis
cette époque, la moyenne des journées de présence des hospitalisées est, annuellement, de
4,458 pour les femmes et de 545 pour les enfants,
car on admet souvent des petits, ne voulant pas
les séparer de leur mère.

L'œuvre n'a pas seulement pour but de recueillir momentanément de malheureuses femmes
sans domicile; elle met tout son zèle à relever
leur courage, à les arracher à une ruine maté-
rielle et morale, et à leur procurer du travail.

Plus d'une, en passant le seuil de cette maison
hospitalière, y arrivait lasse de vivre, ayant été
effleurée par la tentation du suicide. Et voici
que, dans la tiède atmosphère faite de sereine
bonté, de noble altruisme, qui l'enveloppait dès
sa venue, elle revenait à l'espoir et reprenait
goût à la vie et au travail.

Aux personnes charitables qui sont émues
par le sort de malheureuses qu'elles ne connaissent pas, cette œuvre offre le moyen de les
secourir sans s'exposer à mal placer leur générosité; elle met à la disposition de tous ceux qui
le désirent, des cartes d'entrée qui ne sont
payées qu'après emploi. Ces cartes sont de 3 fr.,

et renouvelables à chaque nouvelle semaine, à la condition toutefois que la place ne fasse pas défaut à l'Asile et que la femme accepte, en dehors des heures qui lui sont laissées pour chercher du travail, de prendre sa quote-part des travaux de la maison et de l'atelier où l'on exécute des ouvrages de couture.

Comme bien on le pense, d'année en année les sollicitations d'admission ont augmenté de nombre et le cœur de l'excellente fondatrice se serrait douloureusement de ne pouvoir recevoir toutes ces malheureuses dont beaucoup portaient sur le visage les affres de la faim.

Elle essaya bien, grâce à des fonds spécialement récoltés pour ce but, de parer durant le plus gros de l'hiver à cette misère qui, quotidiennement, se révélait à elle, en distribuant chaque jour de 6 à 700 soupes confectionnées à l'Asile. Mais, qu'était-ce cela, à côté de ce qu'elle aurait désiré faire?

Le comité des dames directrices de l'œuvre, d'ailleurs on ne plus dévoué, partageait entièrement les rêves de la fondatrice, et, comme elle, trouvait que la meilleure solution serait de quitter l'humble petite maison de Belleville où l'on n'était que locataire, pour bâtir un vaste

immeuble où beaucoup plus de femmes pourraient être hospitalisées.

Mais... les fonds ?

Timidement, quelques dames hasardèrent à
nouveau qu'on pourrait peut-être s'adresser au
Pari-Mutuel. Mais, contre cette idée, l'excellente fondatrice et la plupart de ses collabora-
trices, de toute leur netteté d'âme, se dressèrent,
intransigeantes. Dès les débuts, d'ailleurs, la
présidente-fondatrice s'était, devant pareille
proposition, écriée :

— Quoi, cet argent néfaste ? Mais il nous
souillerait les mains, il nous porterait malheur !
Non, non : j'aimerais mieux immédiatement
donner ma démission !

Alors que firent ces dames ?

Courageusement, elles se mirent à *collecter!*
Et, en peu de temps, elles ramassèrent 75,000 fr.
Mais, il leur manque encore 45,000 fr. qu'elles
vont bravement tâcher de rassembler, dès que
la rentrée d'octobre aura ramené les Parisiens
de vacances. Espérons qu'il sera généreusement
répondu à leur appel et qu'on tiendra compte à
cette œuvre de n'avoir pas voulu accepter, pour
s'édifier, de cet or maudit, trempé de larmes,
voir même parfois de sang.

Malgré la somme qui fait défaut, on n'a pas perdu de temps, jusqu'ici. Au n° 14 de la rue du Retrait (proche la Mairie du XXᵉ arrondissement), un terrain a été loué, avec promesse de vente. Des plans ont été dressés pour une spacieuse construction, répondant à toutes les exigences modernes de salubrité. Un vaste jardin entoure la maison, où, de tous côtés, l'air et le soleil pénètrent à flots. De ce jardin, plus tard, si davantage encore l'œuvre prospère, une partie pourra être distraite pour agrandir l'immeuble. Et, vraiment, étant donné le besoin auquel répond cet asile temporaire, je crois que l'époque de cet agrandissement ne sera pas longue à venir.

Je me souviendrai toujours de la visite que je fis, par une grise journée d'hiver, à ce home hospitalier, qui ouvre ses portes aux malheureuses sans leur demander leur religion ni leur nationalité.

Au rez-de-chaussée, parloir, salle à manger et cuisine, sont des pièces meublées familialement, où l'on se sent chez soi; ici, sur le secrétaire, des jacinthes dans un petit vase de cristal; là, sur une table, des plantes vertes. Quant à la monumentale armoire de la salle à manger, garnie de linge à l'intérieur, et sur le dessus, de provisions (confitures, cacaos, pâtes d'Italie), elle rappelle tout le confort d'un ménage alsacien.

Du reste, le menu, lui aussi, laisse entrevoir des habitudes alsaciennes. Il est hygiénique, substantiel et abondant. Le matin, il est donné aux pensionnaires une soupe et du pain, sauf les jeudis et dimanches, où la soupe est remplacée par du cacao.

A 10 h. : pain à volonté.

A midi : viande, légume et petit dessert consistant en fromage, fruits ou compote.

A 4 h. : encore le pain à discrétion.

Le soir : soupe, laitage et œufs; ou soupe, légumes ou charcuterie; ou pâtes et compote.

Le pain ici, comme dans presque toutes les œuvres similaires, joue un grand rôle dans le régime : les malheureuses, quand elles arrivent, sont insatiables, et c'est navrant de les voir dévorer ainsi. Aussi ne lésine-t-on pas sur cet article : la huche semble garnie pour les besoins d'un bataillon. Le pain y est blanc et de première qualité.

Au premier, salle de travail, avec table de coupe, machine à coudre, et, dans un angle, un petit harmonium, comme ceux des églises de village; puis, tout à côté, une bibliothèque.

Contigus à cette salle, des dortoirs, et à l'étage supérieur des dortoirs encore où, faute de place, hélas! il a fallu serrer un peu trop les lits les uns contre les autres.

Dans ces chambres, ont voisiné des femmes dont les situations furent des plus diverses : institutrices et pauvres ouvrières, veuves ruinées, gouvernantes ou femmes de charge très âgées qu'on ne peut plus employer. Leur commune misère a, ici, fraternisé. Et, quand les plus chanceuses auront retrouvé une position, elles n'oublieront ni la fondatrice, ni leurs sœurs des jours sombres.

L'une de celle-là, une jeune institutrice, eut l'idée touchante d'envoyer, en guise d'étrennes, au 1er janvier qui suivit sa « remise à flot », à la présidente, un cahier contenant à la fois l'histoire des jours qu'elle passa rue de la Villette et l'histoire de l'œuvre elle-même.

J'en extrais ces quelques lignes :

« Ici, rien d'officiel, mais une famille. Pas de personnel de direction aux allures sèches et administratives, mais des amies dévouées qui s'intéressent à toutes les infortunes. Pas d'aumôme humiliante : on travaille, et ainsi on paie sa petite rétribution. Pas d'exploitation ; aucun désir de faire la fortune de l'établissement : chacune travaille selon ses aptitudes et ses forces et peut sortir plusieurs fois par semaine, pour chercher du travail. Pas de classes : toutes sont des créatures humaines et qui ont droit à la pitié ».

La semaine payée 3 fr. par les bienfaiteurs revient à 7 fr. 35 par semaine à l'œuvre. Aussi, la modicité de ce prix d'entrée a-t-il plus d'une fois compromis le budget annuel ; et il est question de l'augmenter, de le mettre à 4 fr. 50.

Que vous dirai-je encore de ce comité modeste qui va droit son chemin de bonté, sans boniments tapageurs, ne visant qu'à faire le plus de bien possible à ses protégées, non seulement physiquement, mais aussi moralement. Jusqu'il y a peu de temps, il n'avait même pas élaboré de statuts et les dames patronesses, pour éviter de grever le budget qui laissait à désirer, copiaient elles-mêmes, pour éviter les frais d'impression, les comptes-rendus et rapports à distribuer aux amis et donateurs de l'œuvre.

Au moment d'entreprendre les collectes dernières pour l'édification du nouveau bâtiment, le Comité des dames directrices — qui, jusque-là, avait évolué tout seul, assumant toutes les responsabilités, — a provoqué la formation d'un Conseil d'administration, lequel a arrêté des statuts d'une Association destinée à patronner l'œuvre. Celle-ci a été autorisée par arrêté du Préfet de Police du 30 janvier 1901, et sera bientôt reconnue d'*utilité publique.*

Ce conseil est ainsi composé : MM. Mayriol, conseiller d'Etat, président; Georges Mallet, trésorier; Raoul de Clermont, avocat à la Cour d'appel, secrétaire. Membres du conseil : MM. Louis Bæsler, Raoul-Richard Bérenger, Jules Goguel, pasteur, Adrien-Ernest Jarnac, Bernard de Mandrot, Paul Matter, substitut du Procureur de la République à Versailles, Adrien Oudin, avocat à la Cour d'appel, Charles Wartz, maître des requêtes au Conseil d'Etat, Charles Zang, adjoint au maire du XIIIe arrondissement.

L'Hôtellerie des expulsés

Il y a quelques mois, un de nos conseillers municipaux parisiens, M. Bussat, exposait à ses collègues, avec une profonde émotion, la dé-tresse des malheureux expulsés, que chaque terme nous montre défilant en lamentables théories d'un asile de nuit à l'autre, tandis que leurs meubles restent dans une cour, ou sous quelque hangar, exposés à toutes les intem-péries.

Oh! la triste vision que celle de ces ménages d'ouvriers, trop riches en enfants et trop pau-vres en salaire, que les déménagements succes-sifs font glisser au découragement, à la mendi-cité, et qu'une expulsion peut précipiter dans

17

une misère telle, qu'ils ne pourront jamais s'en relever, surtout s'il fallut vendre le chétif mobilier et se mettre en « garni ».

Comment y remédier, alors que l'expérience nous a prouvé que le « secours de loyer » n'est qu'un palliatif, vu qu'il n'est jamais assez fort pour payer le terme dû, et pour en payer un autre d'avance ?

Comment y remédier, quand on sait la difficulté qu'ont, pour trouver à se loger, les pères de famille qui ont plusieurs enfants, surtout alors que l'enquête du gérant ou de Madame Pipelet fut défavorable, accusant la position précaire du malheureux ?

C'est ce que M. Bussat se mit à étudier, après avoir constaté que la presse et ses collègues se montraient favorables à ses idées. A présent, ses projets prennent corps, et bientôt, j'espère, nous pourrons assister à l'inauguration du premier refuge pour familles expulsées.

Parmi les maisons de ce genre, le modèle le plus parfait, jusqu'ici, est le refuge berlinois. Divisé en deux parties, il comprend un asile pour familles et un asile de nuit, pareils à ceux qu'on rencontre à peu près dans toutes les grandes villes, aujourd'hui.

Dans cette vaste bâtisse de quatre étages,
on a placé, au premier, les bureaux, les cuisines
et les logements de l'inspecteur principal et de
ses intendants. Aux autres étages, sont trois
grands réfectoires, dix-neuf dortoirs (contenant
320 lits) et une salle d'école, où sont gardés les
enfants pendant que leurs parents cherchent du
travail et un logement.

A chaque étage on trouve, en outre, un poste
et un logis de surveillants.

Très proprement tenu, cet asile est, pour
ainsi dire, militairement administré, et, sous la
surveillance directe, quotidienne, d'un conseil
composé de dix délégués de l'Assistance publique, de deux magistrats et de trois conseillers
municipaux.

Les familles sont admises sur la présentation,
soit d'un billet délivré par l'Assistance publique
ou par les bureaux de bienfaisance de quartier,
soit par la Préfecture de police, lorsqu'il y a
expulsion par ministère d'huissier.

Elles sont reçues pour une période qui varie
de vingt-et-un à trente-et-un jours, selon les
cas, et sont nourries gratuitement durant ce
temps.

En outre, il leur est donné des secours dits

d'*entretien*, lorsqu'elles arrivent sans vêtements et sans linge de rechange. Puis, à leur sortie de l'asile, il leur est délivré une somme qui représente le coût d'un loyer d'un mois, variant selon le nombre des personnes dont la famille est composée.

La seule chose qui serait à reprocher à cet asile, selon les dires d'un philanthrope compétent, qui l'a visité à diverses reprises, c'est que les familles y sont séparées dès l'arrivée, et que, pour certaines communications, parfois urgentes, il y a à passer par des formalités nuisibles, qui peuvent retarder les intéressés dans la recherche de leur travail. A ce sujet, il me citait le cas d'une femme ayant trouvé de l'ouvrage dans une papeterie et devant donner réponse d'acceptation dans un délai d'une heure, qui en fut empêchée parce qu'elle n'avait pu en référer à son mari, ne sachant s'il avait trouvé, comme il l'espérait, du travail à l'autre bout de la ville. Quand le permis de communiquer leur arriva, il était trop tard.

Mon susdit interlocuteur pense qu'un parloir devrait être adjoint à des œuvres de ce genre, afin que les membres d'une même famille y puissent conférer à toute heure.

A la maison de refuge berlinoise, les hommes et les garçons de plus de six ans occupent des dortoirs dans une aile de bâtiment séparée totalement de celle où sont logées les femmes et les autres enfants.

D'après les croquis que déposa, à l'appui de sa proposition, M. le conseiller Bussat, nous pouvons, d'ores et déjà, pressentir un asile parisien où toutes les conditions d'hygiène et de solidarité seront réunies.

Non seulement la future station des « sans domicile » sera spacieuse et aérée, mais elle comprendra des magasins pour recevoir les meubles et les effets des expulsés. A ces magasins, seront jointes des étuves de désinfection, où passeront et les vêtements et le mobilier, afin d'éviter tout foyer d'épidémie : et c'est, là, chose essentielle, étant donné que très souvent l'expulsion vient à la suite de chômages dus à la maladie.

Les plans de l'édile si bien intentionné mentionnent également la création de salles de bains et douches et de salles d'isolement, pour expulsés atteints d'affections contagieuses peu graves, ne nécessitant pas le transport à l'hôpital.

Je pense que voilà un vaste champ d'action qui se prépare pour les personnes désireuses de venir en aide à leurs semblables, et je rêve à deux œuvres qui pourront venir s'établir à la porte de celle-ci :

1º Une ramification de la Société des logements salubres à prix réduits.

2º Une caisse de *Prêt gratuit*, qui fonctionnerait à l'instar de celle installée rue Cadet.

Les indigents honteux seraient, ainsi, secourus d'une manière plus efficace, et sans passer par l'humiliation des enquêtes, plus ou moins discrètes, dans lesquelles *ceux qui n'ont pas pu payer* sont, pour la plupart du temps, regardés comme des fripons et des paresseux.

Ai-je besoin d'indiquer, aussi, cet autre bienfait qui résulterait fatalement, dans bien des cas, d'un séjour de plusieurs semaines dans l'un de ces refuges, où les règles de l'hygiène seraient strictement observées, par des familles ayant vécu, jusque-là, en des taudis dont on ne peut se faire une idée que lorsqu'on les a vus?... Leur donner le goût de l'ordre et de la propreté, c'est les mettre sur le chemin d'une meilleure santé.

Pourquoi n'organiserait-on pas, en ces endroits, durant les longues soirées de la mauvaise saison, quelques causeries intimes, faites, non par des savants, mais par des altruistes qui montreraient aux ouvriers les dangers anti-hygiéniques, — l'art de rendre un logis agréable, — le bienfait des associations coopératives, des caisses de mutualité et d'assurance ?

L'Aveugle et le Paralytique

La touchante fable de l'aveugle et du paralytique est mise en action aux portes de notre
capitale, par l'œuvre intéressante et d'une véritable portée sociale, que créa M. Marsoulan, en
faveur des mutilés.

L'assistance qu'il leur donne n'est pas le
geste charitable destiné à pallier, par un secours périodique, l'infortune d'un estropié ; elle
a des visées plus hautes et meilleures.

Son but est de conserver un rang parmi les
travailleurs au malheureux sur lequel fondit
une catastrophe le privant d'un membre en
pleine période de vigueur physique.

Pour comprendre jusqu'à quel point est bien-

faisante une œuvre pareille, il faut savoir le
prix que l'ouvrier attache à la force de ses
membres, de ses *outils*, comme il dit avec un
pittoresque plein de vérité, — et avoir vu de
près sa naïve humiliation lorsqu'il vient à être
privé de ses forces; et son désespoir, le pouvant
conduire jusqu'au suicide, quand il se sent
devenir inutile, alors surtout qu'il a charge
d'âmes!

Remédier à cette douleur, arrêter d'une manière effective le geste du désespéré qui va at-
tenter à sa vie, n'était pas chose facile, et,
longtemps, M. Marsoulan et ses amis cherchèrent sous quelle forme la plus efficace pourrait
être constituée une assistance aux mutilés.

Fallait-il les hospitaliser? Devait-on les patronner à domicile? ou les admettre dans des
ateliers spécialement aménagés pour eux?

Tout d'abord, et presque d'un commun ac-
cord, le comité écarta l'idée d'*hospitalisation*. [1]

Ensuite, voyant que jamais il ne pourrait arriver — au moins dans les débuts de l'œuvre —
à parfaire dans ses ateliers des salaires

[1] J'attire spécialement l'attention de nos lecteurs sur ce
fait, très remarquable, que, de plus en plus, les assistances
— quelles qu'elles soient — vont plutôt vers le placement
familial, ou l'aide à domicile, que vers l'hospitalisation.

d'hommes valides, il se contenta de viser à *dé-chargcr la famille* du coût de son mutilé, en lui faisant exécuter, dans un atelier, des travaux à la mesure de ses forces et de ses capacités.

Restait à trouver quel serait le genre de travail qui pourrait être offert à ces ouvriers d'une nouvelle sorte.

Serait-ce un travail uniforme, pareil pour tous ?

Ne valait-il pas mieux, au contraire, mettre en action l'histoire de l'aveugle et du paralytique, en faisant collaborer ces hommes à une œuvre commune, dont chacun ferait la partie qu'il pourrait entreprendre ?

Et, cette œuvre commune, dans laquelle chacun trouverait à s'utiliser, quelle serait-elle ? Parmi les corps de métier faciles à organiser en équipes, il y a pour les hommes : la vannerie, le cartonnage, la cordonnerie, la reliure, etc. : pour les femmes, l'enluminure, la dentelle, les fleurs, la lingerie, etc.

Ce fut la reliure que choisit M. Marsoulan, parce que, d'ores et déjà, il entrevoyait en cette partie, pour ses ouvriers, des débouchés dans les services de Préfecture eux-mêmes : re-

liure de documents administratifs, reliures
des livres de nos bibliothèques municipales et
scolaires.

Un instant, il avait songé à la vannerie ; mais
la vannerie est déjà accaparée, comme la bros-
serie, par l'école Braille et d'autres institutions
pour aveugles, auxquelles l'excellent homme
n'aurait pas voulu faire de tort.

Un premier atelier de reliure fut donc organisé à Montreuil, il y a deux ans, et un second,
rue Planchat, a déjà quelques mois d'existence
et s'annonce comme devant obtenir un succès
égal au premier, ce qui n'est pas peu dire. Ces
ateliers occupent, chacun, 70 mutilés, qui ont
un salaire *assuré* de 1 fr. 25 par jour, et peuvent, s'ils se montrent zélés, gagner une petite
paye supplémentaire de 25 centimes.

Ce salaire est absolument *leur gain*, car tous
les frais sont couverts par leur travail quotidien : toute idée d'aumône restant donc écartée.

Comment vivre pour 1 fr. 25 par jour, dans
une grande ville comme Paris, ou dans ses environs ?

C'est une question épineuse, à laquelle on re-
média en installant une cantine scrupuleuse-
ment surveillée par M. Marsoulan, laquelle pour

85 centimes, donne le repas de midi et le repas
du soir. Chacun de ces repas comprend : de la
soupe, de la viande, des légumes, un verre de
vin, et le pain à discrétion.

Si notre mutilé est marié ou à la charge de
ses parents, il utilise, naturellement, sa páye
chez lui. Mais, s'il est garçon, le loyer en absor-
bera une grande partie. En ce cas, on lui sug-
gère l'idée de s'associer avec un ou deux de ses
camarades pour la location d'une chambre à
proximité de l'atelier.

Plus d'un a suivi cet excellent conseil, et
c'est ainsi qu'on peut trouver à Montreuil plusieurs garçonnières de ce genre, où, non seulement les estropiés ont un abri à prix réduit,
grâce à leur association avec un compagnon
d'infortune, mais où, entre eux, ces malheureux
se prêtent une mutuelle assistance, pourvoyant
les uns pour les autres aux soins d'hygiène et
de propreté, chose que, réduits à leurs propres
forces, à leur décourageant isolement, ils n'auraient pu faire.

Défense, d'ailleurs, est faite aux ouvriers de
l'atelier de Montreuil de se présenter sales et
avec des vêtements déchirés.

Ce fut encore là, au sujet de la vêture, une

question aussi difficile à résoudre pour les céli-
bataires que celle du logement.

On y a trouvé remède également. L'atelier,
la communauté, achète à des prix réduits, « des
prix d'achats en gros, » les matières premières
de la cordonnerie et de la draperie, et M. Marsoulan a découvert parmi ses estropiés un ancien
tailleur et un ex-cordonnier qui raccommodent
les vêtements de leurs camarades et confectionnent au besoin, pour ceux qui, grâce à la haute
paye, arrivent à mettre quelques sous de côté,
des habits tout flambant neufs.

On aide bien quelque peu l'expectant se trouvant dans l'impossibilité de se procurer la vêture désirée; mais on l'aide par prêts remboursables sou par sou : toute aumône même
déguisée étant, par principe, rigoureusement
proscrite de l'association, comme nous le disions
plus haut.

Or, jusqu'ici, *aucun* de ces emprunteurs n'a
failli à sa parole : tous ont remboursé leurs
emprunts.

N'est-ce pas chose admirable ?

Les estropiés de M. Marsoulan (estropiés au
point de ne pouvoir continuer à exercer le métier qui les faisait vivre) parmi lesquels il y a

des terrassiers, des serruriers, des tourneurs,
des maçons, etc., sont, aujourd'hui, dans le premier atelier, après deux ans d'exercice, devenus
d'*excellents relieurs*, chargés presque entièrement de la reliure des bibliothèques scolaires
et municipales, qui doit avoir comme qualité
première d'être solide entre toutes, vu les mani-
pulations, plutôt rudes, qu'elle a à subir.

Prenez-les à part l'un de l'autre ; sans doute
aucun d'eux ne pourra parfaire, à lui seul, une
reliure complète ; mais mettez-les ensemble, en
utilisant ce qui reste à chacun de forces et de
facultés, et vous les verrez produire une œuvre
commune dont les résultats dépassent les espérances mêmes du fondateur.

En voici un qui n'a que le bras gauche ; il
actionne, de son pied, une machine, ou porte
aux uns et aux autres le travail fait ou à faire.
Le pliage, le grécage, le brochage, la pose des
signets et des tranchefiles sont réservés à ceux
qui sont privés de leurs jambes... et ils sont,
malheureusement, beaucoup.

Celui-ci, privé de ses deux mains, resté robuste
et fort, charge et décharge les ballots de marchandises.

Le contre-maître, un ancien chaudronnier,

mutilé lui-même, fut tout d'abord chargé d'apprendre le métier de relieur, et, à présent, il l'enseigne à ses frères d'infortune.

Chacun, dans cette ruche, d'où, soit dit en passant, la bonne humeur n'est nullement bannie, tient la place qu'il peut tenir, sans jalousie, sans récriminations, tâchant de gagner sa vie, de se faire un petit pécule (puisque sa paye dépend de la somme de travail qu'en raison de son état physique il peut produire), assuré, en tout cas, d'être à l'abri du chômage et de ne jamais descendre à un salaire au-dessous de 1 fr. 25.

La plus belle chose, peut-être, dans cette œuvre qui nous fait penser à la *Cité future*, c'est que ce mutilé qui, hier encore, aurait fait tout simplement un « *sujet d'hospice*, » séparé à tout jamais des siens, va rester, grâce à l'atelier de Montreuil, le chef de famille qu'il était auparavant. M. Marsoulan pense « qu'il doit occuper dans sa famille la même place que s'il était valide. Il doit conserver la direction de ses enfants en même temps que leur affection. Les liens d'intérieur auxquels il est habitué ne doivent pas être brisés par une hospitalisation qui, au malheur l'ayant frappé, ne pourrait qu'ajouter cet autre malheur bien plus grand, d'être obligé d'abandonner les siens. »

Parmi les autres bénéfices que récoltera le mutilé dans la vie active de l'atelier, il y a celui de n'être pas en proie à sa désespérance solitaire, alors que sa femme est occupée au dehors, que ses enfants sont à l'école ou travaillent déjà eux-mêmes.

L'atelier, seul, lui donnera espoir de relèvement, désir de vivre, lui évitera les pertes de temps et les difficultés qu'il aurait, s'il était livré à lui-même, à présent qu'il est privé d'un membre, qu'il se meut avec difficulté, qu'il a une extériorité alarmante pour un patron, ne manquant pas d'hésiter, au vu de son infirmité, à croire qu'il puisse encore se rendre utile.

Voici, en ses grandes lignes, l'œuvre qui doit sa création à M. Marsoulan et qu'on songe à multiplier depuis qu'on constate l'excellence de ses résultats.

Le Home de l'ouvrière

Les *Midinettes*, restaurants coopératifs pour ouvrières, faisaient, il y a peu de mois, une triomphale éclosion à Paris, et prouvaient, par leur succès, que leur création était un besoin urgent en notre civilisation où, à mesure que s'élargit l'horizon des connaissances, la vie se complique de plus en plus. Dans l'état social actuel, la femme, si souvent forcée de sortir de chez elle pour gagner son pain, ne peut plus assumer les multiples fonctions qui, autrefois, — alors qu'elle boulangeait, lessivait, filait, tissait et cuisinait pour sa famille, — demeuraient son unique apanage.

Les cousettes, les midinettes, les fleuristes et

tant d'autres ouvrières travaillant quotidiennement dix et douze heures et — souvent davantage — n'arrivent plus à faire leur cuisine elles-
mêmes; et c'est parfait d'avoir pensé à leur
donner, à prix réduit, et coopérativement, une
nourriture plus saine que les vagues charcute-
ries et le cornet de « frites » qu'elles grigno-
taient, en marchant, aux heures du repos de
midi. Mais mieux inspirées encore, peut-être,
furent les personnes qui songèrent à doter les
ouvrières sans famille — celles que perdent les
dangereuses promiscuités de l'hôtel meublé, ou
du sixième étage — d'un home confortable
comme la maison de l'*Aiguille* et celle du *Bon
Accueil*.

Cette dernière vient de se fonder à Mont-
martre, à la croisée de la rue Carpeaux et de
celle des Grandes-Carrières; et, de la cave au
grenier, elle a cherché à réaliser un maximum
d'hygiène et de familiale gaieté.

Dès le vestibule, on s'y sent à l'aise: il est
vaste et clair, donnant accès au parloir tendu
de vert, où, à toute heure, les ouvrières peuvent venir solliciter l'appui et les conseils de
l'obligeante directrice, à laquelle carte blanche
est donnée pour l'obtention des crédits aux

heures de chômage. A sa première saison d'existence, que d'échos plaintifs il pourrait déjà
nous renvoyer, ce confessionnal d'un nouveau
genre, où tant de femmes passèrent, de jeunes
filles surtout, guettées par le grand Moloch de
la prostitution, auquel la misère sert de pour-
voyeuse attitrée et que des abris comme celui-
ci peuvent sauver !

Le prix de la chambre est de trente francs
par mois. Pour la clarté, la propreté, l'espace
et le confort qu'on y trouve, cette somme est
minime ; mais elle est, à mon sens, trop élevée
pour l'ouvrière, attendu que celle-ci préférera
économiser dix francs pour son loyer et aller
demeurer en quelque taudis malsain, comme il
y en a à foison dans la grand'ville, en lesquels,
à partir de 18 francs par mois, l'on peut trouver
un abri. Toute l'attention des bienfaiteurs de
telles œuvres devrait porter sur la réalisation
d'un prix de loyer inférieur qui attirerait, sans
hésitation, les travailleuses.

Cette critique relevée en passant, il ne nous
reste plus qu'à louer le reste de l'organisation.

Les repas peuvent se prendre au réfectoire
ou en chambre ; ils sont bien compris, saine-

ment préparés, abondamment servis. Voici les
prix des portions :

Potage. . . .	10 centimes.
Viande. . . .	25	»
Légumes . . .	10	»
Dessert . . .	10	»

Il existe également quelques salles de bains
dans l'établissement. Le bain y est compté
20 centimes (savon compris) et la douche
10 centimes.

La Maison de l'*Aiguille,* beaucoup plus ancienne, est située au fond de la cité du Retiro,
non loin de la Madeleine. Elle fut fondée par
feue la marquise de Saint-Chamans, et n'a rien
d'une œuvre hospitalière ; elle est plutôt un
syndicat d'espèce particulière, attendu qu'à
côté de l'association des ouvrières — ayant
demi-part à la direction totale — il y a une
association de patronnes. Toutes les décisions
y sont prises en commun et il y règne un véritable esprit de solidarité.

Les bienfaits de la *Maison de l'Aiguille* sont
multiples. Non seulement elle possède son petit hôtel familial où sont logées et nourries les
ouvrières sans famille ; mais elle a un bureau

de placement gratuit, une caisse de prêts, une caisse de loyers et, ô bienfait tout spécial ! *un atelier de chômage*, qui, pendant les mois de la saison estivale, en lesquels tant d'ouvrières parisiennes sont éprouvées par le chômage, donne du travail à celles qui n'en ont pas. En cet ouvroir d'un nouveau genre, alimenté par les bienfaitrices de l'œuvre, par les patronnes de l'association, on fait de tout : le costume, le manteau, la lingerie, voire même les *retapages* et les raccommodages.

La *Maison de l'Aiguille*, comme le home des petites ouvrières montmartroises, a tenu à mettre ses petites pensionnaires chez elles, et à faire tout pour qu'elles s'y plaisent. Si elles n'ont pas chacune leur chambre, — les dortoirs sont de trois ou quatre lits, — elles sont mises à l'aise par les dépendances de leur logis : ainsi, elles ont une petite salle de réception, où, le soir elles s'occupent de leur correspondance ; où elles lisent, à moins qu'elles ne préfèrent jouer aux dominos ou aux dames.

Très souvent, le dimanche, dans la grande salle, on organise des sauteries joyeuses, ou l'on fait de la musique.

Le réfectoire est propret avec ses dressoirs,

ses tables aux nappes de toile cirée damassée,
sa vaisselle claire. Les repas y sont présidés par
une surveillante affable et maternelle dont le
bon regard met, de suite, les pauvrettes à l'aise.

Rien de plus pittoresque que de voir ces midinettes pimpantes, comme *teintées* par l'élégance des grands ateliers où elles travaillent,
escalader vivement le large escalier de leur
home aux heures des repas; car, ici, l'on voisine avec la rue de la Paix, le centre des ateliers de mode. Leur jaserie égaie la maison,
leur jeunesse s'éclaire de cette joliesse, de ce
chic, que la moindre sait mettre dans le nœud
de sa cravate, dans la garniture de son chapeau,
dans la coupe de sa blouse.

Et c'est, ensuite, au long des tables, où fume
le potage, l'affairement des nouvelles du monde
couturier, contées de voisine à voisine.

— Chez nous, on a une commande pour un
mariage princier, des toilettes de conte de fée.

— Savez-vous qu'on lance une coupe nouvelle pour les manteaux d'hiver?... etc... etc...

Et l'une s'intéresse ainsi au travail de l'autre, se met au courant des tendances de la
mode, de l'harmonie des couleurs, de la beauté
de la coupe.

Souvent, le repas expédié, on court en troupe voir la sortie d'un grand mariage de la Madeleine, et si les toilettes sortent de quelque atelier auquel l'une d'elles appartient, c'est comme un triomphe de toute la maisonnée.

Mais, à côté de ce petit troupeau-là,... combien d'autres y en aurait-il à sauver! C'est pourquoi on n'encouragera jamais trop les œuvres de celle-ci. Paris devrait en posséder une, au moins, par arrondissement.

Philémon et Baucis

Avez-vous parfois songé, chers lecteurs, à ce que peut être cette mort anticipée, la séparation de deux pauvres vieux qui ont vécu côte à côte une longue vie, partageant leurs joies et leurs douleurs ?

Je ne connais rien de plus navrant, car il m'est arrivé de voir plusieurs fois la chose, dans son horrible réalité. En voici un exemple :

Un vieux ménage plébéien (lui, ouvrier chaudronnier, elle, matelassière) avait placé dans le maudit « *Panama* » les bien petites économies de toute une vie de labeur, après avoir élevé une famille de cinq enfants dont deux étaient morts de tuberculose et un troisième, au retour du service aux colonies, d'une affection du foie.

Quand arriva le *krach*, les pauvres vieux avaient, l'un 74, l'autre 71 ans. Ce fut, le chagrin aidant, la prompte déchéance. L'homme se voûta, perdit la mémoire au point de ne plus retrouver son chemin; la femme s'ankylosa de rhumatismes et ne put plus exercer son métier. Ce fut la misère avec secours du bureau de bienfaisance et d'associations charitables, juste de quoi ne pas mourir de faim.

Des deux enfants qui restaient, la fille, ayant épousé un ivrogne, et chargée de cinq enfants souffreteux et rachitiques, ne pouvait absolument rien faire pour ses vieux parents. Quant au fils, parti pour la province, il ne donnait plus de ses nouvelles.

Devant cet état de choses, une dame de charité s'émut, fit des démarches à l'Assistance publique et ailleurs pour obtenir le prompt placement des deux pauvres vieux. On mit le mari dans un hospice de vieillards, la femme dans une maison privée tenue par des religieuses.

Ce fut, pour les deux malheureux, une agonie de douleur. Le jour où il vendirent leur petit mobilier, ils pleurèrent à chaudes larmes et, quand sonna l'heure de la séparation définitive, ce fut atroce.

A l'employé préposé pour conduire le mari à destination, qui s'impatientait de voir que notre Philémon et notre Baucis n'en finissaient pas de se dire adieu, l'homme lança un regard de haine qui toujours me restera gravé dans la mémoire (il a fait de moi le partisan ardent du placement familial comme des secours à domicile) puis, cognant la porte du poing, dans un geste de révolte, il dit à sa femme :

« Non, jamais nous n'aurions dû consentir à nous laisser mettre en prison; mieux aurait valu allumer un réchaud et en finir de suite! »

Et, lui parti, elle, affolée sur une chaise, le tablier sur les yeux, se remit à pleurer, à petits sanglots déchirants, — inconsolable.

Quand on a assisté à des scènes pareilles, combien on sait gré à ceux qui voulurent éviter la séparation aux pauvres vieux et qui fondè-rent cet hospice, sis à Issy, et connu sous le nom des *Petits-Ménages*, où l'on reçoit, par couples, et dans des chambres flanquées d'une minuscule cuisine, les Philémon et Baucis trop vieux pour continuer à travailler, trop pauvres pour vivre sans assistance.

La maison des *Petits-Ménages* est une propriété des plus confortables et des plus jolies.
Une impression de paix — de paix plutôt souriante — dès l'entrée se fait sentir et persiste.
Ici, le soir de la vie se prolonge en douceur et
en sociabilité facile; les labeurs et les tracas
passés s'y oublient. Les bâtiments spacieux —
tout un petit village — s'égayent de tous côtés
de jardins et de cours dignes d'une châtellenie;
ombrages touffus, parterres fleuris, vieux arbres
ancestraux, ray-grass anglais du parc, allée de
marronniers au sol finement sablé, qui mène du
corps de logis à la chapelle coquette, tout
s'adapte et s'harmonise pour faire de ce lieu
un séjour enviable et envié, une sorte de petit
paradis pour ceux qui jusque-là ne se reposèrent
des incessants labeurs qu'en d'exigus taudis
privés d'air et de lumière. Ici, l'air vivifiant se
joue dans le frisson des feuilles; le soleil, cet
élixir des vieillards, entre à flots par les larges
baies, illuminant l'idéale propreté qui partout
triomphe. Proprettes aussi sont les petites
vieilles trottinantes s'en allant aux provisions;
car les *ménages* font eux-mêmes leur cuisine.
Proprets sont aussi les bons vieux, groupés
autour du jeu de boules, un de leurs coins

favoris, ou *politiquaillant,* le journal en la main,
non sans véhémence, parfois, de gestes et de
paroles.

Dès qu'il fait beau, ils sortent tous, vont se
promener, à pas comptés, dans Issy, ou sur les
hauteurs de Clamart. Mais, où il faut les voir,
ces bons vieux enfants, c'est aux jours de ker-
messe, devant les baraques, le guignol, ou s'octroyant, avec gravité, un tour de chevaux de
bois.....

Durant l'hiver, plus lente et plus rare se fait
la flânerie. C'est que le rhumatisme et le ca-
tarrhe alors sévissent. Et parfois le portail se
drape de noir pour un compagnon qui s'en va
dans le grand repos, et, derrière le char des
humbles morts, la grise théorie des vieux pensionnaires, mélancoliquement, se traîne à la
montée de la rue Minard, vers la rue de l'Ega-
lité — justement nommée — au bout de laquelle se dresse la grille de l'antique cimetière.

Oui, ce fut une pensée humaine entre toutes
qui présida à la fondation de cette maison de
retraite : ne pas séparer les braves gens qui ont
vécu toute une vie ensemble, leur laisser le réconfort d'un *home* où ils s'éteindront paisible-
ment au milieu des chers bibelots qui furent

témoins de leurs chagrins et de leurs joies, des
vieux meubles pour lesquels ils ont un attachement proportionné à la peine qu'ils eurent à les
acquérir.

Il y a, aux Petits-Ménages, des chambres
d'époux flanquées de deux cabinets de débar-
ras, des chambres de veufs et veuves, un peu
moins grandes et ne possédant qu'un seul cabinet, à part cela, des dortoirs.

Cette fondation n'est pas un hospice proprement dit où l'on n'est admis que par charité;
c'est une maison de retraite pour ceux qui,
selon la lettre du règlement, « *sans être dans
un état d'indigence complet, n'ont pas cependant, par eux-mêmes, ou par ceux qui, aux
termes de la loi, leur doivent des aliments, des
moyens suffisants d'existence,* » maison de
retraite sur laquelle l'Etat étend une main protectrice, se chargeant d'une part du pécule de
rente.

A part cela, plus d'un protecteur paie la
somme nécessaire à l'entrée de ses protégés.
Il y a, là, plusieurs couples de vieux serviteurs,
pensionnés par d'anciens maîtres.

On y voit une salle de jeu, mais elle est peu
fréquentée, vu que les règlements de la maison

défendent d'y jouer de l'argent. Aussi les joueurs enragés — il y en a partout et dans tous les mondes — se donnent-ils rendez-vous dans quelque chambre particulière, pour s'y procurer les ardentes émotions d'un nain jaune, ou d'une manille, monnaie sur table.

La bibliothèque, par contre, est très fréquentée; on y fait queue. Très intéressant à parcourir est le détail de livres demandés. Par-dessus tout autre auteur, c'est, ici, Paul de Kock qui fait florès; il faut s'inscrire des semaines à l'avance pour en obtenir un volume.

Certains pensionnaires exercent encore des petits métiers. Quelques femmes font des raccommodages en ville, de la couture ou du tricot chez elles. Il y a quelques tailleurs, des jardiniers (plusieurs d'entre ces derniers sont occupés et payés par l'établissement même). Un sculpteur sur bois taille encore des cadres; un cartonnier fait des boîtes pour une maison de gros.

Toute cette population de passé 1400 vieillards vit en parfait accord, se cotise pour l'organisation des fêtes, car fêtes il y a, de temps en temps, qui réunissent parents et amis des pensionnaires dans les jardins de l'établissement.

A peine s'il se trouve, de temps en temps, quelques grincheux troublant l'harmonie générale par quelque petite querelle qui, neuf fois sur dix, a été provoquée par des jardinets minuscules qui ont été octroyés aux habitants des chambres du rez-de-chaussée.

On se chamaille pour un centimètre de terrain, ou pour un plant écrasé, et, quand la discorde tourne à l'acide, le directeur est parfois obligé d'intervenir et de faire des mutations de chambres.

On vit très vieux dans cette paisible retraite. Les octogénaires sont nombreux : il y a plusieurs nonagénaires et un centenaire. L'état sanitaire des Petits-Ménages est d'ailleurs excellent, et la situation très bonne. Puis, l'absence de soucis, la distraction sont, eux aussi, d'excellents *conservateurs*. Il n'y a rien de tel que le bonheur pour prolonger les jours, c'est ce que dit une chanson faite par l'un des pensionnaires de l'asile :

> Si de l'univers, les vieux rois
> En connaissaient les avantages,
> Ils viendraient tous, par ma foi,
> Finir leurs jours aux P'tits-Ménages.

Ah, ah, ah! que l'on est heureux
Dans la maison des P'tits-Ménages
Ah! ah! ah! que l'on est heureux
Dans cett' maison quand on est vieux

Le rythme est peut-être un peu claudicant, mais le cœur y est tout de même et, aux soirs de fête, tous nos vieux entament, avec ensemble, le refrain de leur co-pensionnaire, le poète.

Philanthropes qui fondez des maisons de retraite pour les vieillards, ne séparez jamais Philémon de Baucis! Bâtissez des *Petits-Ménages.*

Le Placement familial

Parmi les vœux émis par le récent Congrès
international d'assistance publique et de bienfaisance privée, il convient de mettre en relief
ceux que proposèrent et soutinrent les Drs Sar-
dot et Marie : le premier désirant que la pratique du « placement familial » soit étendue à
l'assistance aux vieillards ; le second préconi-
sant la pénétration de cette pratique dans le
système général d'assistance, par le placement
des malades assistés, soit dans leurs propres familles, soit dans des familles étrangères, toujours
sous le contrôle du médecin. Et la deuxième
section, sur un rapport du Dr Toudouze suivant
celui du Dr Marie, et après avoir entendu les

19

discussions et commentaires du Dʳ Rey et du président de section, s'accorde pour formuler un vœu analogue :

« *Le congrès émet le vœu que l'internement* « *cesse d'être le seul mode possible d'assistance* « *pour les aliénés, et qu'il soit organisé, à côté* « *des placements forcés dans des asiles et colo-* « *nies, des placements libres en hôpitaux* « *ouverts et en famille.* » Ces placements sont un signe des temps, nous avertissent de cette tendance profonde : que l'assistance officielle comme l'assistance privée s'acheminent fatalement vers une ère de solidarité, et que, là où nous ne voyions que de simples mesures d'ordre, de police et de netteté publiques de même catégorie que le balayage des rues et le ramonage des cheminées, nos enfants du moins verront un ensemble de devoirs à la fois très difficiles et très doux.

« Que ce vieillard gâteux, qui offusque notre vue, soit mis à l'ombre hors du chemin que nous foulons ! Que vite soit relégué dans un cabanon ce fou dont les radotages nous agacent !... » Ainsi parlait l'ancien système. Tout autrement celui qui essaie de naître, bourgeon vert pointant sous la dure écorce :

« L'hôpital, prison plus ou moins dorée, convient-il vraiment mieux à nos pauvres vieux que le placement familial ? Ne pourrait-on faire une sélection parmi nos malheureux aliénés, ne condamnant à l'asile que les dangereux, tâchant de placer les autres en quelque endroit qui leur donne l'illusion de la famille ?... »

Mais il y a déjà plus que de bonnes intentions : des résultats définitifs, obtenus à Dun par l'« Assistance familiale des aliénés de la Seine », jettent une vive lumière sur l'excellence de ce système ; et, dans les Vosges, on obtient depuis plusieurs années de véritables miracles, qui vont jusqu'à la cure totale, par le placement de malheureux aliénés chez les paysans — alors que leur cas, au régime de l'internement, se serait infailliblement aggravé sans espoir de guérison.

L'an dernier, la ville de Vichy inaugurait son système de placement familial pour les vieillards ; et il donne déjà les meilleurs résultats. Il ne peut qu'en être de même partout où l'on poursuivra l'expérience... Et chacun s'écriera : « Comment n'y a-t-on pas pensé plus tôt ! »

C'est l'histoire vieille et toujours nouvelle de l'œuf de Christophe Colomb.

J'ai depuis quelque dix ans reçu, par centaines, des confidences de pauvres vieux qui se
mouraient de leur captivité dans les hospices,
ou qui préféraient périr petit à petit d'inanition,
plutôt que de se laisser placer en quelque asile.

Devant les yeux de telles malheureuses octogénaires, des dames de charité firent miroiter
la réjouissante image d'un bon lit, d'une salle
chaude, d'un réconfortant bouillon... Elles ré-
pondirent :

« Plutôt mon grabat... avec du pain noir —
mais la liberté — que le lit de plume avec du
poulet à l'hospice ! »

J'en ai vu renonçant aux petits secours que
leur donnaient de charitables visiteuses, parce
que celles-ci les poussaient à entrer à l'hospice,
et qu'une crainte les obsédait de faiblir un jour
ou l'autre devant les insistances de leurs bienfaitrices.

D'autres, dans des moments de maladie ou de
famine, acceptaient l'internement, vendant la
chaise, le grabat et les nippes qui leur pouvaient rester... Mais peu de mois après, généralement au printemps, alors qu'elles avaient repris
un peu de forces et oublié quelque peu leur précédente détresse, elles s'évadaient, reprenaient

leur vie de misère avec plus de difficultés que
jamais — puisqu'elles s'étaient aliéné les bonnes
grâces des protecteurs qui les avaient fait placer et qui leur répondaient maintenant, si elles
osaient encore avoir recours à eux : « Vous
n'aviez qu'à rester où vous étiez ; vous n'y man-
quiez de rien : gîte, chaleur, nourriture... »

L'homme, en général, accepte plus tôt l'hospitalisation que la femme. Celle-ci a l'esprit tenace,
compte presque toujours sur quelque événement
imprévu, quelque grâce d'en haut qui viendra
la tirer de la misère. — L'homme est plus posi-
tif : dès que, infirme et affaibli, il sent qu'il ne
pourra plus gagner sa vie (on l'embauche d'ailleurs avec difficulté dès la cinquantaine), il perd
tout espoir et se dit que le placement sera son
salut. Il accepte donc... et souvent, dès les premiers mois qui suivent son internement, il tombe
dans le marasme et s'incline de plus en plus
vers la tombe ; dans maint service hospitalier,
on m'a fait observer cette déchéance souvent
rapide du rude travailleur mis au rancart.

Une certaine activité est nécessaire aux vieillards, souvent trop inclinés à s'écouter, à som-
noler, des heures durant, sans pensée, sans
énergie vitale. Dans les maisons hospitalières

où ils ne travaillent pas, bientôt ils succombent ; par là s'explique la facile créance qu'a pu trouver jadis la légende du « bouillon d'onze heures », aussi bien dans nos plus grandes villes que dans les campagnes reculées.

Chez les petites sœurs des pauvres, autant que possible, chacun s'occupe bien un peu selon ses aptitudes, qui des soins du ménage, qui de l'entretien de la maison... Mais le grand défaut de ce mode d'occupation est que les vieillards ne sont pas *directement* intéressés à leur besogne, se rebellent même parfois en la traitant de *corvée*. Tout autre serait leur activité, s'il s'agissait d'un travail suivi et rémunéré.

L'assistance des Hospices de Vichy place ses vieillards au Vernet et à Busset, les confiant à des agriculteurs moyennant une pension annuelle de 300 francs. Ils partagent en tout la vie de leurs hôtes, mangent à leur table et parviennent ainsi à se créer une nouvelle famille.

Les adversaires de ce système n'ont qu'un seul argument à lui opposer. Le voici :

« Voyez donc comme les paysans traitent leurs propres parents : un vieux qui ne travaille plus est par eux regardé comme une bouche de trop ; aussi lui lésinent-ils la nourriture ; le couchent-ils à l'écurie, lui faisant sentir, à toute heure, qu'il vit trop longtemps! »

Mettons-nous quelque peu au diapason de leur pessimisme. Convenons que le paysan est de nature plutôt rude, et que l'avarice est son péché mignon.

En quoi son vieux père le gêne-t-il! Parce qu'il est une bouche de trop et que son avarice s'en désole. Donc, à cause de cette avarice même, le vieillard pensionnaire, qui lui *rapporte* quelque chose, sera le bienvenu : et non seulement il ne le maltraitera pas, mais il le soignera bien — comme source de rapport.

Du reste, rares sont les maisons paysannes où il n'y a pas de quoi manger. Et ce n'est pas dans ces maisons-là que les administrateurs des hospices placeront leurs pensionnaires, mais bien dans des maisons dont les propriétaires ont quelques terres et du bétail. Dans la plus petite ferme, vous trouverez une vache, ou des chèvres, et des poules, son jardin produit fruits et légumes ; et son petit champ des pommes de terre tout au moins. Dans cette ferme, une bouche de plus à nourrir n'accroît pas la charge du fermier, — cependant que, payée en quartiers qui tombent aux heures du terme ou du versement de la location des terres, l'annuité de trois cents francs lui donne l'aisance.

Avec les simples produits de ses terres, de sa vigne ou de ses pommiers, auxquels peuvent s'ajouter presque toujours, outre le lait et les œufs, le porc sous toutes ses formes et le lapin (si prolifique), voire même la poule au pot, le paysan peut donner à *l'ancien* qui lui est confié un régime qui, sans être peut-être aussi viandeux que celui de l'asile, sera tout aussi sain, et peut-être en cas fréquents conviendra beaucoup mieux aux habitudes de l'assisté.

Il peut en outre, dans ces placements, être tenu compte des goûts, des besoins individuels, ce qui n'est pas possible à l'hospice, où, hormis à l'infirmerie, tous sont soumis au même régime.

Ce placement familial conserve au vieillard sa liberté chère, ne l'oblige pas à se lever militairement, au son d'une cloche, à se coucher quand il n'a pas sommeil, à manger quand il n'a pas encore faim. Il peut sortir sans être obligé d'en demander la permission, travailler un peu, selon ses forces, se sentir l'illusion d'un *chez soi*. Peut-être même se souvenant encor du métier qu'il exerça, pourra-t-il, alors que ses rhumatismes ne le tracasseront pas trop, se faire quelque argent

de poche en raccommodant un meuble, en res-
semellant des souliers ou autrement.

Abordons la question *salubrité*. Celle-là n'est-
elle pas résolue d'avance, et sans que personne
puisse y contredire? Car toute agglomération
humaine est un foyer d'infection, alors même
qu'on l'a dotée des meilleures conditions d'hygiène. Il faut connaître comme nous autres gens
du métier, les rebuts nauséeux de la plupart de
ces établissements — oui, même des plus modernes, — pour comprendre jusqu'à quel point le
microbe de toute nature y peut prospérer. Dans
ces conditions, n'est-ce pas un bienfait suprême
que d'envoyer de pauvres vieux respirer l'air
pur des champs?... Et si cet air doit être le ré-
générateur pour ceux qui vieillirent et s'usèrent
à l'usine, dans les mines, dans les égoûts,... à
plus forte raison est-il nécessaire aux malheureux paysans, qui passèrent toute leur vie à la
campagne, la moitié de leur vie à ciel ouvert,
et qu'on va cruellement parquer — pour les
récompenser de toute une vie de labeur — dans
quelque prison citadine.

Reste la question *budget*. Celle-là est aussi
facile à résoudre que la précédente. Il y a des
hospices qui coûtent trois cent et cinq cent

mille francs. Il y en a qui ont coûté des millions.
Et, une fois ces centaines de mille francs dépen-
sés pour l'édification du bâtiment, il restera à
les doter d'un capital pour les dépenses inté-
rieures, capital qui équivaudra, à lui seul, à la
somme d'entretien nécessitée par les placeménts
familiaux. Donc, avec la somme qui serait destinée aux pierres de taille, aux frais d'entrepreneurs, d'architecte, etc., l'on peut arriver à
secourir encore autant de vieillards que d'autre
part on en hospitaliserait. (Je tiens cette affirmation de l'un des promoteurs du placement
familial à Vichy, où l'on avait fait ce calcul
avant de se décider à bâtir un nouvel hospice,
l'ancien étant trop petit pour le nombre des assistés.)

Ajoutons encore à ces arguments la rassu-
rance des garanties que voici :

Premièrement : Des inspecteurs sont chargés
de visiter les vieillards et les aliénés des placements familiaux. Ces placements, très recher-
chés par les paysans, de même que le sont les
placements d'enfants assistés, ne feront jamais
défaut.

Deuxièmement : Si un vieillard se trouvait
être lésé, ou mal nourri, non seulement serait-il

assez intelligent pour s'en plaindre à qui de droit, mais la rumeur publique aurait tôt fait d'en informer l'inspecteur.

Puis encore, gardons-nous des exagérations de certains romanciers et écrivains, qui nous dépeignent le paysan comme une brute sans âme, n'ayant qu'un culte : l'argent. La vie est rude aux champs, et la glèbe a sa revanche contre celui qui la soumet : cela n'empêche que si vous balancez ce qu'il peut y avoir de désintéressement chez le terrien abrupt et peu cérébral d'une part, et, vis-à-vis, chez le citadin tout imprégné d'hypocrisie, même à son insu, je ne sais trop si l'un des plateaux descendrait plus bas que l'autre.

Nos secours de loyer

Dans peu de jours, le *terme* va rouvrir la série de ses drames lugubres, dont quelques-uns finissent sur les dalles de la Morgue, à moins qu'ils n'aient leur épilogue dans les eaux tumultueuses de la Seine...

Et, peut-être, n'est-ce pas du côté de ces visages bouffis de noyés, du côté de ces fronts troués d'une balle libératrice, de ces faces violacées des asphyxiés par le sinistre réchaud... qu'il faut chercher le *summum* de la souffrance. Ne dorment-ils pas en paix, libérés de cette vie — qui leur fut tant marâtre qu'ils préférèrent s'en évader à tout jamais ?

Tandis que, pour tant d'autres insolvables, expulsés ou menacés d'expulsion pour loyer dû, cette heure sonne le recommencement de toutes les misères déjà traversées, le recommencement sans trêve ni repos d'une lutte inégale et vaine.

Ah! que le cœur se serre, rien qu'à voir passer cette chose terne, mais si aisément reconnaissable : la pitoyable charrette d'un déménagement d'expulsés! Traînée par un homme hâve et poussée par une femme au regard désespéré, elle s'en va, branlante, encombrée des tristes épaves que la saisie fut tenue d'épargner — lit à sommier éventré, chaises dépaillées, mauvaise batterie de cuisine et vaisselle ébréchée, calée par des hardes... Elle accomplit son voyage, cahin-caha, parmi la bruyante circulation des rues, sous l'œil indifférent de la foule affairée. Ah! tout ce qu'elle raconte à ceux qui *savent*, à ceux qui connaissent bien, pour les avoir vus de près, les affres du prolétaire en cotte, et la misère (souvent pire) du prolétaire en paletot!

Eh bien, pour pallier cette misère — pour paraître y remédier, pourrait-on croire, — la philanthropie tant officielle que privée n'a trouvé jusqu'ici rien de mieux que d'instituer le *secours de loyer*...

Or, ce secours de loyer ne va pas du tout payer le terme, comme son titre vous donnerait à penser, il ne va pas enrayer les arrêtés de congé par huissier, les commandements d'expulsion, — car, hélas, dans 80 cas sur 100, il ne dépasse pas la somme de 10 fr. par ménage; et, dans certains arrondissements et dans certaines œuvres privées, il ne dépasse même pas 5 fr.

Comment veut-on que, par la vertu d'un tel secours, un simple manouvrier et même un malheureux employé ne gagnant que 100 ou 150 francs par mois, que l'ouvrier du bâtiment, qui chôme généralement une bonne partie de la mauvaise saison, puisse, lorsqu'il a charge de famille, payer un loyer même de 200 francs par an ? Qu'il gagne 4 ou 6 francs, comment veut-on qu'il se prémunisse -- même en se privant lui et les siens des choses les plus nécessaires -- contre tous les risques embusqués sur ses durs chemins, les accidents et les intempéries, la maladie qui le guette comme une proie bien à elle... et la Morgue, comme une vieille connaissance!

Et ce loyer que lui, pauvre hère, paie relativement bien plus cher que le riche ne paie son appartement somptueux, ces quelques mètres cubes d'espace locatif qui se paient moyennement de 60 à 75 fr. par terme, doivent suffire, en bien des cas, au logement de cinq, six, sept personnes ! Nous en avons vu, à Paris, dans les quartiers les plus riches, où, pour pouvoir ouvrir chaque soir les « lits-cages » de la famille, il fallait (sans s'arrêter à la crainte de mécontenter la concierge ou d'être volé) sortir sur le palier tout un attirail : la table, le mannequin de la couturière, sa machine à coudre, voire même les chaises. Et dès le matin, pour le déjeuner, on repliait la literie et tous ses miasmes inclusivement, pour rentrer dans la chambre ce qu'on avait déménagé la veille.

Une fois, je m'étonnai de voir le plafond d'une chambre — d'un *réduit*, plutôt, où s'entassait tout un ménage d'ouvriers — machiné vaguement, avec deux ou trois poulies et quelques cordages... L'explication du mystère fut celle-ci : tous les soirs, le groupe des trois seules chaises, la table en volige, et le mannequin d'osier (la femme étant couturière) montaient du sol... et se rencognaient au quatre coins du plafond pour y passer la nuit. Si le *truc* vous paraît amusant, la situation des pauvres gens ne l'était guère. Malgré leur courage à la besogne, la misère avait franchi leur seuil à la suite d'un accident de

travail survenu au mari, puis d'une longue maladie de la femme.

Le nombre est grand de ceux qui, sans être
chargés de famille, doivent, eux et les leurs, se
priver sur la quantité et la qualité des aliments
pour se conserver un abri. A côté de la multitude des miséreux secourus, il y a la multitude
des « pauvres honteux », qui n'émargent à aucune caisse charitable, et qui, héroïquement,
resteront le ventre creux près de la tirelire où
se complète, par rigoureux prélèvement sur
chaque quinzaine, la somme inviolable du loyer !

Et pourtant, additionnées toutes ensemble,
ces sommes affectées aux secours de loyer qui
découlent de la bienfaisance publique comme
de la bienfaisance privée, forment annuellement
un total évalué par des statisticiens à 1,500,000
francs pour Paris seulement.

De ce million et demi, n'y aurait-il pas moyen
de faire meilleur emploi qu'en éparpillant une
manne qui voudrait être bienfaisante, mais finit
par n'être pas plus efficace qu'un cautère sur
une jambe de bois ?

Même étant donné l'état social actuel et l'im-
probabilité d'une chute très prochaine du régime capitaliste, n'y aurait-il pas moyen de créer,

avec tout ce bel argent comptant, des cités ouvrières dont les municipalités auraient la gérance
et dont les loyers resteraient en proportion du
gain de l'ouvrier ? Non seulement des milliers
et des milliers de travailleurs pourraient ainsi
arriver à subsister et à connaître un bien-être
relatif : mais, ce qui a bien aussi son importance,
la santé publique y gagnerait considérablement ;
la tuberculose pourrait, enfin, être efficacement
combattue, dans des locaux aérés, construits
selon toutes les règles de l'hygiène moderne ;
et aussi bien que la tuberculose, l'alcoolisme
perdrait du terrain, car l'ouvrier ayant un chez-
soi propre et sain le déserterait moins facilement
qu'il ne déserte le taudis écœurant où même la
place lui fait défaut pour les moindres besognes
ménagères ; ayant chez lui l'aisance de ses mouvements et quelques outils, peut-être trouverait-
il plaisir à certaines menues occupations plutôt
reposantes et qui arrondiraient sa paie de la
quinzaine, — confection de cornets, d'étuis ou
boîtes : ces mille et un petits métiers parisiens,
qu'ils désignent sous le nom collectif de *bricolage*,
et qu'exercent quelques courageux durant les
veillées, pour mettre, comme ils disent, « un peu
de beurre dans les épinards. »

N'a-t-on pas constaté déjà l'influence mer-
veilleuse, dans des centres usiniers (comme
Mulhouse, ville industrielle par excellence), de
l'existence des cités ouvrières ? Mais là, on a
pu mettre à la disposition des travailleurs ce
que jamais à Paris, hélas, ni dans les grandes
villes, on ne pourra leur offrir : le jardinet régé-
nérateur, le coin de terre qui leur est joie et
santé, auquel ils s'attachent avec dilection, et
pour l'acquisition définitive duquel ils font tous
les efforts possibles, évitant le cabaret et toutes
les inutiles dépenses — ce qui leur permet
d'économiser la petite·annuité supplémentaire
devant petit à petit les rendre propriétaires de
leur·maisonnette et de leur jardin.

Ah ! pouvoir mettre à portée de tous ceux qui
peinent si durement tout le jour la joie saine, le
réconfort chaque soir d'un coin de nature, si
petit soit-il, qui leur deviendrait un *sursum
corda* permanent, lueur d'aube dans leur vie
crépusculaire !

Cela viendra quelque jour, n'en perdons pas
l'espoir.

Les associations de Prêt gratuit

Encore un signe des temps que cette éclosion, en divers pays, de *sociétés de prêt gratuit*, ces œuvres de solidarité bien comprises.

La première s'est mise à fonctionner à Bruxelles : elle fut créée par un prêtre. La seconde, dont l'importance mérite d'être signalée, est celle de la rue Cadet, à Paris, qui depuis des années déjà, fonctionne, non seulement à la grande satisfaction des ménages d'ouvriers, mais à celle de plus d'un employé, et à celle de plus d'un fonctionnaire. La société de la rue Cadet serait parfaite, si elle ne demandait pas à l'emprunteur un luxe de détails sur sa situation, ce qui ne manque pas d'humi-

lier parfois les intéressés. Elle ne prête pas au-
delà de 200 francs, et exige un remboursement
mensuel, par petites sommes en rapport avec le
gain de celui auquel elle rend service.

Voici d'ailleurs le but qu'elle se propose et sa
manière de procéder.

Elle veut aider les personnes ayant subi quelques revers, ayant eu à faire une dépense extraordinaire, manquant de fonds pour acheter des
outils, relevant de maladie, ayant traversé une
période de chômage, ne pouvant parvenir à dé-
gager du Mont-de-Piété des choses d'utilité
première, ou, payer leur loyer en temps opportun,
pour éviter le congé.

L'intéressé va trouver le délégué qui lui donne
la feuille de renseignement à remplir, feuille
contenant la date, les noms, prénoms et âges
des membres de la famille, le chiffre de leur gain,
le montant du loyer, l'adresse, la demande et le
montant du prêt, — le nom des répondants (il
en faut deux), — le nom du patron ou chef de
service, chez qui l'intéressé est employé, pour
le cas où il y aurait *prêt sur délégation*[1].

[1] Le prêt sur délégation a comme répondant le patron
ou chef de bureau chez lequel travaille le demandeur. Il
s'engage à retenir les remboursements sur le gain mensuel
de l'emprunteur, si celui-ci ne tient pas ses engagements.

Après la demande, une période de six à huit jours s'écoule, jusqu'au résultat définitif. Durant ce temps on fait une enquête discrète sur l'intéressé, soit à l'endroit où il travaille, soit chez le propriétaire ou gérant de l'immeuble qu'il habite, et l'on dresse un dossier qui reçoit le rapport de l'enquêteur avec la feuille de renseignements.

L'intéressé est ensuite appelé au bureau du *Prêt gratuit*, où on lui remet, contre reçu et délégation, ou signature des répondants, la somme demandée.

Il prend, en outre, l'engagement de rembourser cette somme par paiements mensuels, de cinq, dix, quinze ou vingt francs, selon ses moyens.

C'est par centaines que de petites ouvrières ont pu, de cette manière, sans avoir un sou d'intérêts à débourser, s'acheter une machine à coudre, des outils de fleuristes, ou d'autres instruments nécessaires à l'exercice de leur profession.

Des sociétés similaires existent à présent en Allemagne et en Russie. L'une des dernières fondées est l'Association israélite de New-York, connue sous le nom de *Gemilath Chassodim*.

Cette œuvre a pour objet, comme celle de Paris, de prêter, sans intérêt, de l'argent aux ouvriers honnêtes, pour leur permettre, soit de surmonter une difficulté passagère, soit d'acheter des instruments de travail ou même de s'établir à leur compte. Elle a prêté, en 1900, 582,600 francs à 5757 personnes, et, depuis sa fondation, la somme de 1,732,600 francs à 20,987 personnes.

Jusqu'à 125 francs, l'emprunteur doit fournir un endosseur, accepté par l'association, et, passé cette somme, deux endosseurs.

Le capital de l'association provient entièrement des dons et cotisations des membres de la société.

Un versement de 500 francs donne le titre de membre à vie.

Une contribution annuelle de 50 à 250 francs, le titre de protecteur.

Quant à la cotisation des membres actifs, elle est de 25 francs.

Une statistique qui serait fort intéressante à faire au sujet de ces associations de prêt gratuit, serait celle des pertes supportées par ces diverses sociétés.

Nous venons d'entendre dire, récemment, qu'une société de *Prêt gratuit* pour les personnes qui ont éprouvé des revers de fortune, est en voie de formation à Paris, société devant fournir des sommes même au delà de 500 francs, dans le but de relever des familles tombées.

La *Société des visiteurs* de la rue de Lille pratique aussi le prêt gratuit, mais d'une manière plus restreinte et comme complément aux sauvetages qu'elle organise.

A la *Maison des lettres,* œuvre ayant pour but de venir en aide aux gens de lettres tombés dans le malheur, on avait essayé également d'introniser le prêt gratuit, pour ménager les susceptibilités des demandeurs. On y a dû renoncer et la société ne fait plus aujourd'hui que des dons dissimulés sous le nom de prêts. Ces prêts sont d'ailleurs faits sans aucune des humiliantes formalités exigées ailleurs, voire même sans enquête.

Néanmoins, ce geste de solidarité mérite d'être mentionné et encouragé par tous les moyens. Il a fait ses preuves d'utilité, propageons-le.

Un Bric-à-brac original

Parmi les œuvres qui ont pris naissance en ces dernières années, l'une des plus ingénieuses, des plus touchantes, est bien celle qui se pratique à Berlin, derrière la façade d'un immeuble ainsi dénommé : *La Maison des Objets détériorés.*

Bazar hétéroclite, elle contient *de tout* : mercerie, poterie, vêtements, chaussures, lingerie, ameublement, etc., tous objets soigneusement classés, étiquetés, ordonnés en de longues galeries où règne la plus grande propreté.

Quel est son but ? Comment fonctionne-t-elle ?

L'un des intéressants rapports, paru à son

bulletin trimestriel, vient de nous l'expliquer, et la lettre d'une amie de cette création a fini de nous renseigner et de nous édifier à son endroit.

Cette œuvre reçoit et fait même chercher à domicile tous les objets détériorés, tous les coupons d'étoffes ou d'échantillons, les vieux boutons, etc., dont on veut bien la gratifier : de la table branlante à la casserole sans queue, du chapeau fané au jouet endommagé.

Tous ces objets, elle les fait réparer à ses frais, ayant son menuisier attitré, ses couturières et modistes ; les fait réparer, *quand ils sont réparables*, car d'aucuns ne le sont pas. Ces derniers sont démolis ou décousus, servant de matériaux pour les « retapages », à moins que, vieille ferraille ou chiffons au poids, ils ne soient revendus à quelque monsieur de la hotte, au profit, bien entendu, de l'œuvre.

Dans les vêtements, toute doublure suspecte ou défraîchie est enlevée, de même que la coiffe salie des chapeaux. Les chaussures sont munies, après ressemelage et pose des boutons, d'une petite semelle intérieure, neuve.

Toute pièce de vêture et de linge lessivable passe à l'arrivée par la buanderie, de même que s'arrêtent chez le dégraisseur les pardessus et les robes tachées.

Quant aux meubles, au sortir des mains du menuisier-tapissier, qui les rend présentables, ils ont encore à passer à l'encaustiquage, après un lavage à l'éponge et à la brosse, avant de prendre rang dans les galeries de ce bazar unique.

La batterie de cuisine, si elle est de cuivre étamé à l'intérieur, de fer battu ou de fer blanc, passe, selon le cas, par le simple nettoyage au sable et au savon minéral, ou par l'étamage « dernier cri », après aplatissement des cabossures qu'il est possible de réduire.

— Comment va-t-on, à présent, procéder à la distribution ? me demande une personne curieuse qui lit cette prose par-dessus mon épaule.

— Mais on ne va rien distribuer du tout.

Mon interlocutrice me regarde, fort étonnée, flairant quelque plaisanterie.

— Du tout, madame.

— Alors ?

— Ces choses, on va les vendre.

— Ah ! je comprends. Tel brocanteur, qui n'aurait presque rien donné d'un objet dété-

rioré, va en donner, à présent qu'il est réparé,
bien davantage.

— Point, vous n'y êtes pas, ma chère. Votre
cœur bat encore les pulsations de l'époque de
charitable assistance ; il ne suit pas celle de
l'évolution sociale, qui va, chaque jour davantage, se muant en solidarité.

Ceux qui ont installé cette œuvre le comprennent, eux, et, à l'indigent, en même temps
que la perche tendue sans en avoir l'air, sans
que son amour-propre soit froissé en rien, ils
donnent l'occasion d'acheter, de choisir les
choses qui lui sont nécessaires.

Il se rend à la *Maison des objets détériorés*
(il me semble qu'il conviendrait mieux de l'appeler « Maison des objets réparés ») tout
comme un autre irait chez le brocanteur et, là,
lui sont délivrés, pour un prix *des plus minimes*, les vêtements ou les meubles de son
choix.

N'est-ce pas ingénieux au possible ?

On devine, du reste, que dès la fondation, les
dons affluèrent. Il y eut même, dans les premiers temps, la période d'engouement inévitable, qui amena la surabondance, et, avec elle,
un peu de désarroi, car on n'était pas encore

outillé ainsi qu'il le fallait. Puis, ce fut la cana-
lisation plus lente, qui reste maintenant plutôt
localisée dans les quartiers environnants, et
parmi les cercles de relations des membres fondateurs et bienfaiteurs de l'œuvre. Elle suffit
d'ailleurs pour empêcher toute disette.

Il y a, naturellement, des « saisons » pour
l'époque des arrivages. Quand vient l'heure
printanière de la *naphtaline,* celle dans laquelle
on fait la revision des vêtements d'hiver, avant
de les garer des mites, le stock des paletots,
des boas, des fichus atteint son maximum.

De même, à l'automne, en même temps que
voltige la chute des feuilles, il pleut des chaussettes d'été, des pantalons de coutil, des chapeaux de paille, — avec ou sans ruban.

Durant l'hiver, ces objets vont faire comme
les papillons, préparer, pour le renouveau prochain, l'heure de leur métamorphose.

Voici un aperçu de quelques prix, notés
au hasard :

Une petite table de bois blanc de soixante
centimètres au carré : deux marcs.

Une jupe de femme, en lainage brun, doublée
et bordée de frais : un marc vingt pfennigs.

Une paire de chaussettes : dix pfennigs.

Une paire de draps usagés, en coton, soigneusement raccommodés : trois marcs.

Un matelas d'enfant, en varech : un marc et demi.

Une casserole en fer étamé : dix pfennigs.

Dans des cas urgents, s'il faut, par exemple, des vêtements à un ouvrier auquel on propose une place, le trésorier ou son remplaçant est autorisé — en ménageant toutes les susceptibilités de l'intéressé — à lui offrir l'*avance* de l'achat, qu'il aura à rembourser, après la deuxième ou la troisième quinzaine de son futur salaire.

Le cas s'est présenté plusieurs fois, et sauf une ou deux exceptions, les prêts furent toujours remboursés. C'est, là encore, une chose à souligner.

On m'a cité l'histoire d'une famille d'ouvriers, laquelle à la suite d'un long chômage du père et d'une maladie de la mère, était tombée de misère en misère, après la vente de tout son mobilier, dans la vie d'*hôtel garni*, d'où l'on n'arrive plus à sortir, car la cherté des loyers y absorbe la moitié du gain des travailleurs.

Grâce à l'œuvre des objets détériorés, elle put, petit à petit, s'en dépêtrer.

La maison berlinoise permet ainsi aux personnes aisées et de fortune modeste de faire
le bien selon leurs moyens sans bourse délier,
et elle apporte aux pauvres honteux une aide
précieuse, ne froissant en rien leur amour-propre. Son unique réclame consiste à dire, par
toute la ville, ceci :

*Ne laissez rien perdre: tout est, chez nous,
utilisable.*

La grande Délaissée

Ce n'est encore qu'un léger nuage dans l'espace, soumis à la poussée de mille vents con-
traires, et, si un zéphyr indiscret ne me l'avait
fait remarquer, je n'aurais pas la bonne fortune
de le signaler à nos lecteurs. Toujours est-il que
ce nuage, se condensant en rosée ou en pluie,
pourrait singulièrement rendre fécondes les
idées qui sont dans l'air au sujet d'un retour à
la terre, cette grande délaissée qui se meurt,
faute de soins.

Oui, une ligue serait en voie de formation,
qui aurait pour but d'éviter l'exode des campagnes vers les villes malsaines au corps et à
l'âme, une ligue internationale qui se propose

rait de lutter par tous les moyens possibles contre la néfaste dépopulation des campagnes.

Dans ces moyens, je relève les principaux que voici:

1° Pétitionner auprès des autorités pour un dégrèvement des impôts ruraux.

2° Provoquer la création d'écoles d'agriculture pour les femmes.

3° Instituer des cours d'agriculture pour les soldats.

4° Distribuer des brochures ayant trait à la culture.

5° Provoquer l'achat, fait par les municipalités, de machines, telles que les batteuses, faucheuses, découpeuses, etc., qui deviendraient propriété communale.

6° Organiser une entente avec des instituteurs de bonne volonté qui feraient, durant les veillées d'hiver, des conférences aux villageois, pour lesquelles circulerait, d'une commune à l'autre, un matériel destiné à les rendre attrayantes, par des projections lumineuses, retraçant, en les poétisant, des épisodes de la vie rurale, et démontrant les ravages dus à tel microbe (phylloxéra, oïdium), la naissance de telle épizootie (clavelée, morve, etc.).

En France, peut-être assistons-nous plus qu'ailleurs à cette émigration des masses campagnardes qui se ruent vers les villes, et sans doute le service militaire généralisé est-il un des premiers fauteurs de ce mal, car le petit soldat étant mis, par son séjour dans les villes, au courant des taux du travail citadin, reste absolument subjugué par leur chiffre... ne songeant pas, le malheureux, que par contre les taux des denrées, du logement, sont eux aussi triplés ou quadruplés à la ville.

Nous connaissons des communes qui ont cédé à tel point à ce mal d'émigration que leurs maisons tombent en ruines, et qu'il a fallu les adjoindre, comme administration communale, à un village voisin, le nombre de leurs habitants ne suffisant plus pour qu'il leur fût laissé des autorités locales.

Je vois d'ici, devant l'article n° 2 du programme de la future ligue, nombre de bons apôtres lever les bras au ciel et annoncer la fin du monde parce que nos ligueurs osent songer à donner une éducation agricole à la femme.

Je commence par les renvoyer au très intéressant rapport sur l'enseignement agricole féminin de Mme Madeleine Lajoye, qui nous montre la marche des idées à ce sujet, en France, en Suisse, en Belgique, en Angleterre, en Norvège, en Allemagne, en Autriche, en Danemark, en Hollande et en Amérique.

Puis, je les prie de songer à ce qu'ils ont pu voir autour d'eux, et d'avouer, simplement, que, *partout,* la paysanne partage le labeur de son mari ou de ses frères, ce qui évitera aux antiféministes de nous servir, une fois de plus, le fameux cliché tant usé qui veut que le volume des muscles de la femme ne lui permette pas les gros ouvrages.

J'entends aussi un murmure étonné et quelque peu hostile se faire autour de la proposition des cours d'agriculture pour soldats.

Or, à cela je répondrai qu'ils existent déjà et que la vulgarisation agricole à la caserne affecte quelques formes très intéressantes, notamment en Italie, en Belgique et en France.

Il y a plusieurs années que des cours d'agriculture sont donnés aux soldats italiens des villes. Un journal napolitain : *Il Movimento agricolo,* qui fit une enquête sur cette question dans diverses casernes citadines, donne, à propos de la région de Naples, les plus intéressants détails.

L'annonce des cours, affichée dans les casernes, suscita un véritable enthousiasme, non
seulement parmi les soldats ruraux, mais aussi
parmi les citadins, dont quelques-uns y trouvèrent leur chemin de Damas agricole. D'après
une statistique, on a pu constater un relèvement général de la culture dans la région, et
une introduction de produits nouveaux, jusque-
là non encore cultivés dans le pays, et qui donnèrent un rendement parfait.

A Albe et à Ivrée, pays de vignobles, les
conférences sur la viticulture et les maladies de
la vigne furent suivies avec la plus grande
constance, le plus grand intérêt, et les confé-
renciers furent invités à porter la bonne parole
hors des casernes, dans la banlieue, par une
population avide de s'instruire.

En Belgique, la grande culture, la culture
fruitière et la culture maraîchère sont ensei-
gnées à tous les soldats qui en font la demande.

On est même allé jusqu'à mettre des champs
à la disposition des militaires, afin qu'ils y puissent mettre en pratique les théories qu'on leur
enseigne.

L'enseignement militaire n'en a pas eu à
souffrir, vu que les cours se font aux heures li-

bres des soldats, et un député belge affirmait à l'un de nos amis que les cabarets, dans les régions où des potagers furent mis à la disposition des soldats pour leurs expériences, avaient vu singulièrement décroître leur clientèle, ce dont la ligue antialcoolique fit son profit.

En France, nous assistons à l'éclosion grandissante des potagers militaires, notamment dans les villes de l'Est.

A Belfort, à Nancy, à Lyon, certains régiments demandèrent qu'on leur abandonnât des terrains incultes, comme il en existe aux alentours de presque tous les forts, et aussitôt la permission accordée, ce fut une éclosion fiévreuse de jardinets et une rivalité de régiment à régiment, pour la supériorité de culture et de rendement, si bien que Nancy, arrivant en tête de ligne, a vu, à diverses expositions, ses produits agricoles militaires remporter les premiers prix.

Quant aux cantiniers et aux cabaretiers voisins, ils avaient fait plutôt de mauvaises affaires.

A Cherbourg, l'infanterie coloniale possède un jardin qu'on cite dans toute la région et que les badauds vont visiter le dimanche.

En tout cas, l'idée nous semble excellente et digne d'aboutir.

Une tentative intéressante à noter est aussi celle de la création d'une institution agricole pour les jeunes filles à Houilles (Seine-et-Oise).

Cette institution répond à un réel besoin, non seulement pour les jeunes filles de la campagne mais pour les jeunes filles de la ville qu'une santé délicate ou le manque d'aptitudes éloignent des professions sédentaires, et auxquelles elle ouvre une voie nouvelle.

Aussi nombre de personnalités se sont-elles groupées autour de cette tentative; députés, inspecteurs de l'enseignement, directrices de lycées, etc.

Voici les grandes lignes de son programme:

Comme éducation, l'instruction primaire y sera complétée par des lectures en commun expliquées et commentées.

Des efforts constants seront faits pour donner aux jeunes filles la connaissance de leurs droits et de leurs devoirs sociaux, en même temps que le goût de tout ce qui est beau, sain et vrai.

Elles seront émancipées dans le seul but d'en faire des femmes éclairées et *responsables*.

Les éléments de l'enseignement d'agriculture et d'économie domestique y sont ceux-ci :

Agriculture : Sciences physiques et naturelles appliquées à l'agriculture, — étude des engrais, leur application dans un terrain d'expérience, — taille des arbres fruitiers, — marcottage, bouturage, greffe, — culture des légumes, des plantes médicinales usuelles, — formation d'un herbier, — collection d'insectes utiles et nuisibles de la région.

Ferme (1re et 2me année): Elevage des animaux de basse-cour, — petits travaux de menuiserie en vue de rendre les élèves capables de faire une construction provisoire, une réparation urgente.

(3me année): Traite des vaches, fabrication du beurre et du fromage.

Economie domestique : Cuisine simple, selon les lois de l'hygiène, — lessive, repassage, confection des vêtements d'intérieur, — comptabilité, — dessin linéaire, — musique vocale, — enseignement pratique de la langue anglaise.

Tous les jeudis, des excursions seront faites chez des cultivateurs de la localité et des environs.

Les jeunes filles seront sous la garde de femmes intelligentes et bien élevées, la direction désirant prouver que les travaux de la ferme ne sont pas incompatibles avec une bonne tenue et qu'on peut être jardinière, ou fermière, sans rien perdre des qualités féminines.

L'école préparatoire de Houilles espère pouvoir s'adjoindre bientôt une ferme-école, établissement plus vaste où les élèves pourront, s'il convient à leurs parents, appliquer leurs connaissances à un travail *rémunérateur* et prendre part aux bénéfices de l'exploitation. Les élèves seront admises dès la fin de leurs études primaires.

Comme on le voit, partout, l'éclosion se fait, d'une manière ou d'une autre, et un jour viendra, sûrement, où la délaissée d'aujourd'hui qui pleure sur ses terrains en friche, revêtira, par quelque joyeux renouveau, sa fraîche parure d'épousée, définitivement réconciliée avec l'homme, plus instruit, plus conscient de ses véritables intérêts, plus soucieux de son hygiène physique et morale, qui, de ces machines faisant actuellement concurrence à ses bras, saura tirer un avantage quintuplé, alors que luira l'aube d'une ère de solidarité définitive.

La bienfaisance privée en Hollande

La Hollande prend place au premier rang parmi les pays où se développèrent, en l'espace des 50 dernières années, le plus d'œuvres de bienfaisance privée.

M. Dompierre de Chaufepié, l'un des philanthropes les plus zélés de la ville d'Amsterdam vient de faire éditer sous le titre de : *Gids der Nederlandsche Weldadigheid* (Guide de la bienfaisance néerlandaise), le plus intéressant et le plus suggestif des manuels d'œuvres charitables.

Dans ce manuel sont consignés le nom, l'adresse, le but et le fonctionnement de 7,467 sociétés et institutions charitables, — dont les notices parurent, précédemment, dans une

petite revue mensuelle de bienfaisance, fondée
et dirigée par M. Dompierre de Chaufepié.

Rien de plus curieux que le tableau compa-
ratif final, dressant le bilan des secours accordés
par la ville d'Amsterdam et par les œuvres de
bienfaisance privée.

Ce serait dommage, en vérité, de ne pas le
reproduire ici :

	Municipalité	Sociétés de bienfaisance	Total
Personnes secourues à domicile	3,401	22,293	25,697
Personnes ayant béné- ficié de l'assistance médicale à domicile.	67,166	8,226	75,892
Personnes hospitali- sées	1,356	6,294	7,650
Personnes traitées dans les hôpitaux. . .	13,045	2,857	15,902
Personnes assistées par le travail. . . .		577	577
Personnes admises dans les asiles de nuit. .	737	130,486	131,223
	francs	francs	francs
Dépenses totales d'as- sistance	2,602,050	4,130,875	6,732,925

Lorsqu'on a pu comparer ce tableau à ceux
qui furent dressés les années précédentes par
la revue de bienfaisance que nous citions plus

haut, on est frappé par cette tendance accen-
tuée de la Municipalité amsterdamoise d'accorder
de moins en moins des secours permanents,
pour donner, de plus en plus, des *secours temporaires*.

Au contraire de ce qui se passe, par exemple,
en Belgique, dans les pays scandinaves et en
Allemagne, et du mouvement qui va s'accen-
tuant en France, cela prouverait que l'Assistance publique hollandaise a plutôt la tendance
d'hospitaliser ses vieillards que de leur accorder
l'assistance dans leur famille ou de les placer
chez des particuliers.

Par contre, certaines œuvres de bienfaisance
privée ont établi des secours *permanents* pour
les vieillards et les incurables, entre autres la
Société *Liefdadigheid naar Vermogen*, et qui
semble se consacrer principalement à l'assistance à domicile des indigents, — assistance
qu'elle pratique de la manière suivante :

1° Allocation de secours permanents (65,725 fr.
distribués lors du dernier exercice mentionné
dans le Bulletin, celui de 1899, si je ne me
trompe, ce qui donne une moyenne de 50 centimes par personne et par jour).

2° Assistance temporaire (414 familles ont

reçu, durant le même exercice que celui ci-dessus nommé, 38,175 fr. ; ces secours tempo-raires ne peuvent dépasser la somme de 41 fr., 50 cent. par trimestre pour chaque famille se-courue).

3° Secours extraordinaires (ceux-ci attei-gnirent la somme de 34,025 fr. distribués à 394 familles).

4° Prêts gratuits sans le moindre intérêt et remboursables par mensualités en rapport avec le gain de l'emprunteur (50,400 fr. ont été ainsi prêtés à 327 personnes).

5° Distributions de secours pour le compte de particuliers, avec mission donnée à la Société de faire les enquêtes et de renseigner les bien-faiteurs (durant le dernier exercice 904 familles ont ainsi reçu, par l'entremise de la Société, la somme de 60,400 fr.).

Parmi les personnes qui ont adopté ce mode de bienfaisance, nous citerons la reine douai-rière de Hollande, et plusieurs de ses dames d'honneur.

Les administrateurs de cette Société ont divisé la ville d'Amsterdam en 32 districts, les-quels possèdent, chacun, un certain nombre de

visiteurs bénévoles, se réunissant hebdomadaire-
ment sous la présidence de l'un d'eux.

Grand progrès pour le féminisme : les dames
sont admises comme visiteuses aux mêmes
titres et aux mêmes droits de vote que les
messieurs. Cette assemblée se compose de
364 visiteurs des deux sexes.

L'importance de ces œuvres privées, qui va
grandissant en Hollande, a nécessité la fondation d'un Office central des œuvres de bienfaisance, pour l'échange des informations des
œuvres entre elles, et pour la création d'un
répertoire détaillé où toutes les personnes
charitables trouveront les renseignements qui
leur sont nécessaires.

L'Office central sera inauguré sous peu, et
quantité de sociétés de bienfaisance ont adhéré
déjà à son programme, qui semble très libéral,
et qui vise à se maintenir inconfessionnel et
sans distinction d'opinions.

Déja sont représentées au sein de cet Office :
la Municipalité amsterdamoise elle-même, la
Liefdadigheid naar Vermogen, et les sociétés
charitables catholiques, comme celles qui sont
évangéliques-luthériennes et luthériennes ré-
formées.

Le téléphone devant relier l'*Office central* avec les œuvres, il sera possible ainsi, aux bienfaiteurs et aux gens réclamant une assistance, une aide quelconque, d'être immédiatement renseignés... chose précieuse entre toutes, alors que, si souvent, les miséreux dans la détresse, pour lesquels les minutes semblent des heures et les heures des journées, se morfondent dans l'angoisse pendant un temps indéfini.

Et ceci nous permet de dire, une fois de plus, qu'au nord, comme au sud, la conscience humaine se réveille. Il reste d'ailleurs, aujourd'hui, fort peu de gens qui ne s'intéressent pas aux questions d'assistance. Celui qui n'est pas assisté, ni assistant de son plein gré (s'il existe) serait, malgré lui, éventuellement — assistable. Richesse et misère deviennent des contingences et sont, devant la conscience générale, convaincues, la première d'une *Dette* : assister, et l'autre d'un *Droit* : être assisté.

Certainement, je serais, comme tout le monde, bien curieuse de savoir si l'inégalité n'est dans la suite des âges qu'un accident, ou si elle est une propriété nécessaire de notre espèce : et combien de personnes (et j'en suis) seraient soulagées s'il leur était prouvé, par l'algèbre, soit qu'elle est le pire des maux, soit qu'elle est en somme un bien!

Mais enfin, le fait de l'histoire actuelle, indéniable, est, que l'on s'occupe aujourd'hui, davantage qu'hier, de restreindre le nombre des victimes de l'inégalité sociale, et que ce souci, de plus en plus, conquiert du terrain dans les foules... Il est le sillon dans lequel germera le blé de l'humanité future.

La Société des Visiteurs

Le but de cette association est de venir en aide aux familles qui se trouvent *momentané-ment* dans l'impossibilité de subvenir à leurs besoins, et que l'on peut, grâce à un appui *temporaire*, arracher à une misère définitive.

Sont donc exclus de son patronage : les malades incurables, les vieillards et, en général, tous ceux que l'on n'a aucun espoir de relever.

La Société des Visiteurs a formé, dans Paris, cinq groupes des plus actifs, où tous les collaborateurs sont admis, même ceux auxquels leur position de fortune ne permet pas de donner une cotisation et qui s'associent à cette œuvre humanitaire en lui donnant leur temps et leur dévouement.

Les *Visiteurs*, membres actifs, allant voir les
protégés à domicile, fixent eux-mêmes leur cotisation, selon leurs moyens.

Les *Bienfaiteurs* se divisent :

1° En donateurs, qui versent au moins 20 fr.
par an ;

2° En adhérents, qui s'engagent à fournir à
la Société des ressources régulières de quelque
nature et de. quelque étendue qu'elles soient,
ou à lui rendre des services équivalents.

Chaque Visiteur se tient en relations suivies
et amicales avec la famille qui lui est confiée ;
il la voit à son domicile, se rend compte de ses
besoins et lui prête, d'abord, un appui matériel
en lui procurant des ressources et du travail, en
provoquant en sa faveur des avances d'argent ;
ensuite, un appui moral, sous forme de conseils,
encouragements, renseignements, démarches et
recommandations, notamment auprès d'autres
Sociétés.

Le bureau central de la Société des Visiteurs,
avec l'aide d'adjoints, organise et dirige un
certain nombre de services généraux mis à la
disposition des Visiteurs des cinq groupements
parisiens, en faveur des familles admises à être
patronnées.

Les plus importants d'entre eux sont :

1º Un service de relation entre les institutions d'assistance.

2º Un service de placement gratuit.

3º Un service médical.

4º Un service de renseignements pratiques.

Treize médecins et chirurgiens se sont mis bénévolement à la disposition du comité et donnent des consultations médicales régulières.

Plusieurs avocats, des notaires, un contrôleur des Compagnies d'assurance pour les accidents du travail, un avoué et un maître des requêtes au Conseil d'Etat, se sont offerts pour des consultations de droit.

Des ingénieurs et des industriels donnent des consultations commerciales.

En outre, la Société possède un vestiaire où l'on accepte, non seulement les vêtements pour les protégés, mais aussi des meubles, et elle fait paraître un bulletin mensuel, dans lequel elle indique les personnes qu'elle a à placer et où elle fait connaître les objets de première nécessité qu'il serait nécessaire de leur procurer.

Bien entendu, les noms des personnes à pla-

22

cer ne sont pas mentionnées au bulletin : on se contente de libeller ainsi les indications :

« Dame veuve, 34 ans, désirerait un emploi de caissière. Excellentes références. »

« Homme, 52 ans, ferait chef magasinier surveillant. Très bonnes recommandations, » etc., etc.

En regard de chacune des demandes, nous relevons un numéro d'ordre, grâce auquel on connaît le classement du demandeur et le nom du Visiteur chargé de le patronner. Ce dernier se tient, pour tous renseignements, à la disposition de ceux qui ont des places à offrir.

On voit, par cela même, de quelles garanties le patron va être assuré, et point n'est besoin de dire que les offres de places vont, depuis sa fondation (novembre 1896), chaque année en augmentant.

En voici un exemple que je relève au début de l'année courante.

Résultats obtenus du 15 janvier au 15 avril 1902 :

101 offres de placement ont été adressées par des patrons ou des administrations.

128 personnes ont demandé des emplois.

92 ont été placées par notre service de placement :

81 définitivement (70 hommes et 11 femmes);

9 temporairement (4 hommes et 5 femmes);

8 personnes ont été placées par le groupe des Batignolles.

3 personnes ont été placées par le groupe de l'Est.

5 personnes ont été placées par le groupe du Centre (Union coloniale).

6 personnes se sont placées par initiative personnelle.

Total : 114 placements.

Jusqu'à l'année dernière, les demandes étaient adressées au bureau central, qui les renvoyait aux divers groupes, d'où une certaine lenteur dans la marche des secours ; à présent, la demande est adressée aux présidents de groupes, qui aussitôt en saisissent le Visiteur le plus proche du domicile de l'indigent à secourir. L'enquêteur va aussitôt trouver l'intéressé et, s'il juge que cela est nécessaire, il est autorisé à lui remettre un secours dit « d'attente », qui permettra de patienter jusqu'à la plus prochaine réunion du groupe, auquel le rapport du protecteur indiquera les mesures urgentes à prendre. De sorte que, en quelques jours, une famille peut être sauvée.

Il y a peu de mois, j'ai pu assister à l'une de ces résurrections, vraiment réconfortantes à voir.

Il s'agissait d'un ménage d'ouvrier : le père, par suite d'un accident (en dehors de son travail) avait éprouvé un chômage de plusieurs mois, durant lequel la mère dut aller accoucher à la Maternité d'un quatrième enfant.

Après deux termes dus, il y avait eu saisie du mobilier ; ce qui restait après le passage de l'huissier, fut vendu, forcément, pour achat de pain quotidien. Ce fut, ensuite, l'émigration en logement garni et, pour surcroît de misère, une coxalgie se déclarant chez l'aîné des petits.

Le hasard mit un Visiteur de l'Association au courant ; il signala aussitôt cette infortune à son groupe et fit déléguer un sauveteur.

En moins de *quinze jours*, de bric et de broc, un mobilier était trouvé, un logement aussi, avec un terme payé d'avance ; le père avait une place, la mère du travail à la maison, et le petit malade une voiture de coxalgique.

Tout ceci grâce, d'abord, à l'entente qui s'est faite entre cette œuvre et les œuvres

diverses, qui secourent telle infortune ou telle
autre (ainsi, en cette occasion, le secours de
loyer avait été fourni par l'*Abri*, et la voiture
par un dispensaire privé); grâce ensuite, au zèle
des Visiteurs auquel toute initiative est laissée
pour les sauvetages à parfaire.

Combien plus facile n'est pas la tâche de ces
administrateurs bénévoles, ayant chacun *leur
lot* d'infortunes à soulager, que celui des administrateurs qui quêtent pour une collectivité,
en laquelle les cas les plus intéressants sont
comme noyés en un anonymat dont personne
ne soulèvera le mystère.

Plaidant auprès de ces amis et connaissances
pour une infortune particulière qui vient de
l'émouvoir, l'enquêteur de la société des Visi-
siteurs voit aussitôt leur attention s'éveiller,
leur pitié germer... et leur bourse s'ouvrir.

C'est là surtout qu'il faut chercher la cause
de la réussite pleine et entière de cette œuvre
excellente, qui compte parmi ses membres
d'honneur des noms comme ceux de Sully
Prudhomme, d'Anatole France, de Gaston Pâ-
ris, d'Ernest Lavisse.

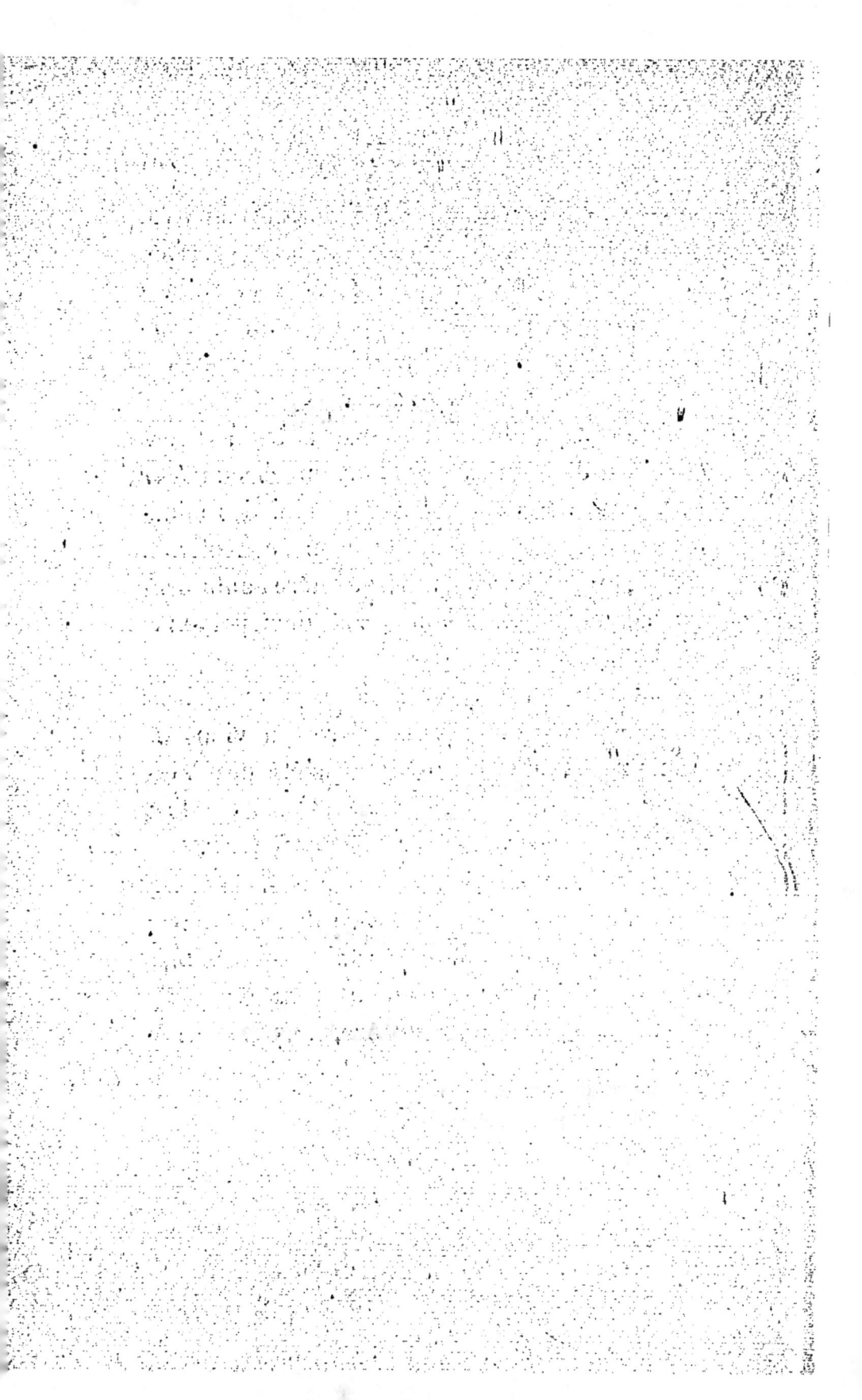

TABLE DES MATIÈRES

Asiles

Divers

Genève. Imprimerie Nationale, rue des Voirons, 10

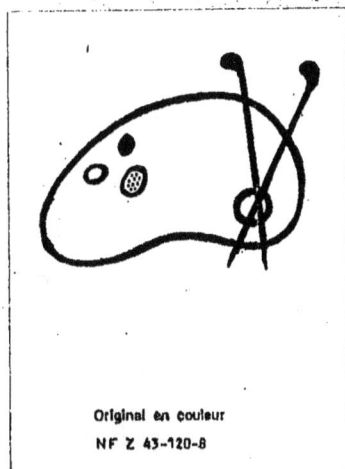

Original en couleur
NF Z 43-120-8

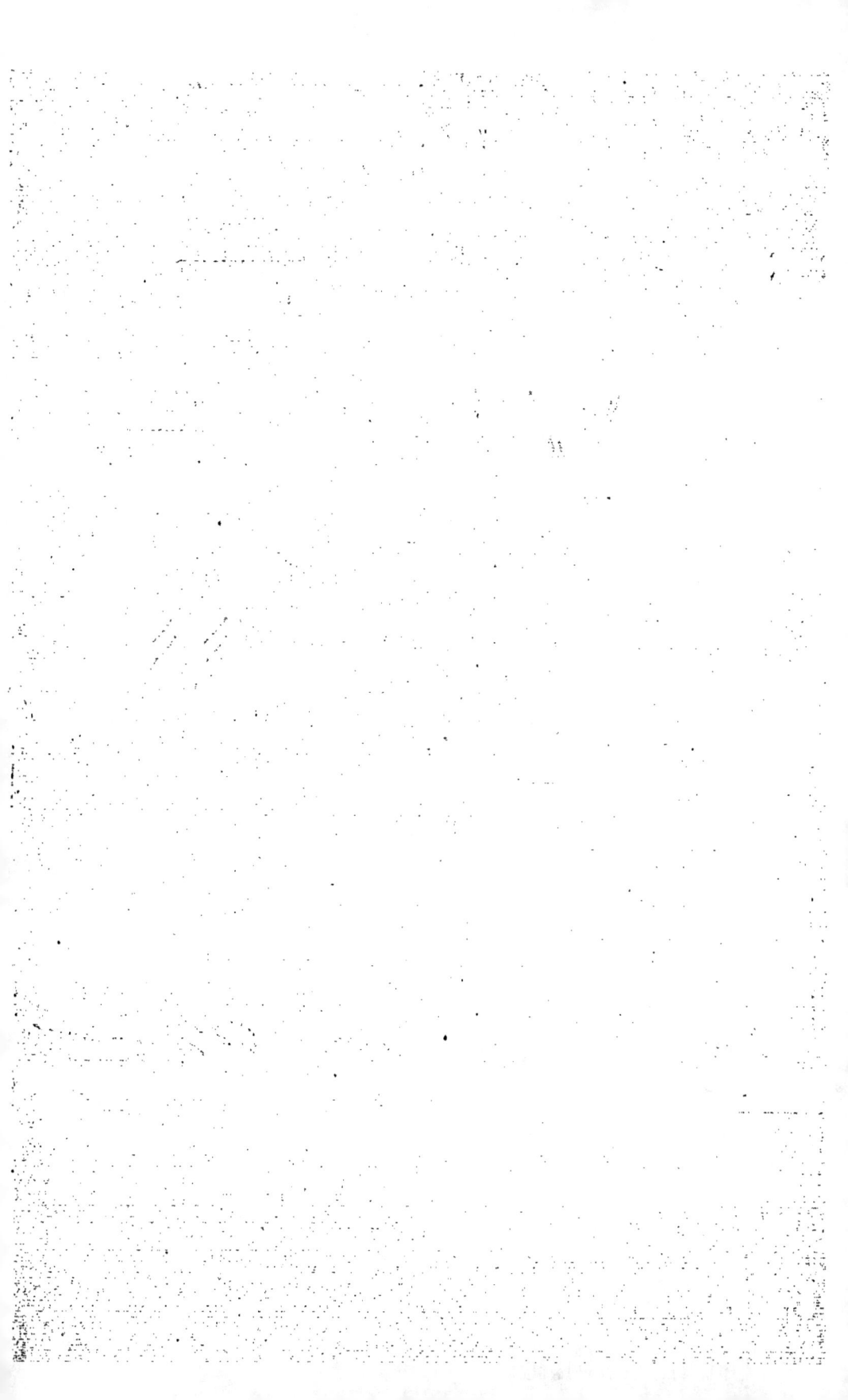

www.ingramcontent.com/pod-product-compliance
Lightning Source LLC
Chambersburg PA
CBHW072011270326
41928CB00009B/1614